かん字の ふくしゅう ⇒1。 一年生で

★あたらしく つ…
ふくしゅうする …

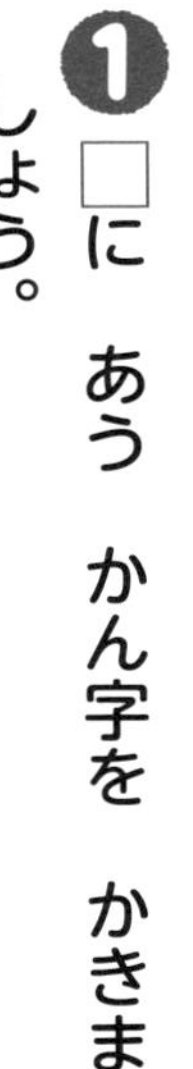

↓正しい こたえが かけたら、□に ✓を つけましょう。

1 □に あう かん字を かきましょう。

- □ ① □(くるま)に のる。
- □ ② □(あお)い クレヨン。
- □ ③ うみで □(かい)を ひろう。
- □ ④ たかい □(やま)。
- □ ⑤ となりの □(まち)。
- □ ⑥ まっかな □□(ゆうひ)。
- □ ⑦ □(あか)い ぼうし。
- □ ⑧ はだかの □(おう)さま。
- □ ⑨ □□(がっこう)に いく。

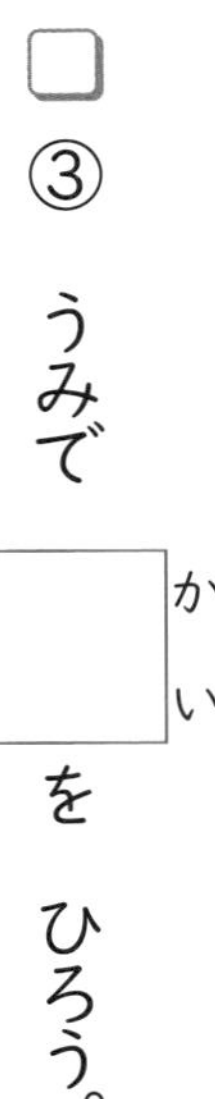

2 □に あう かん字を かきましょう。

- □ ① □(むら)の まつり。
- □ ② □(はやし)の なかを あるく。
- □ ③ □(た)んぼに はいる。
- □ ④ □(もり)の くまさん。
- □ ⑤ □(かわ)が ながれる。
- □ ⑥ □(みみ)を すます。
- □ ⑦ □(げつ)よう□(び)
- □ ⑧ □(むし)とりあみ
- □ ⑨ □(あめ)が ふる。

←うらのページにつづくよ！

教科書 上81・122・140ページ

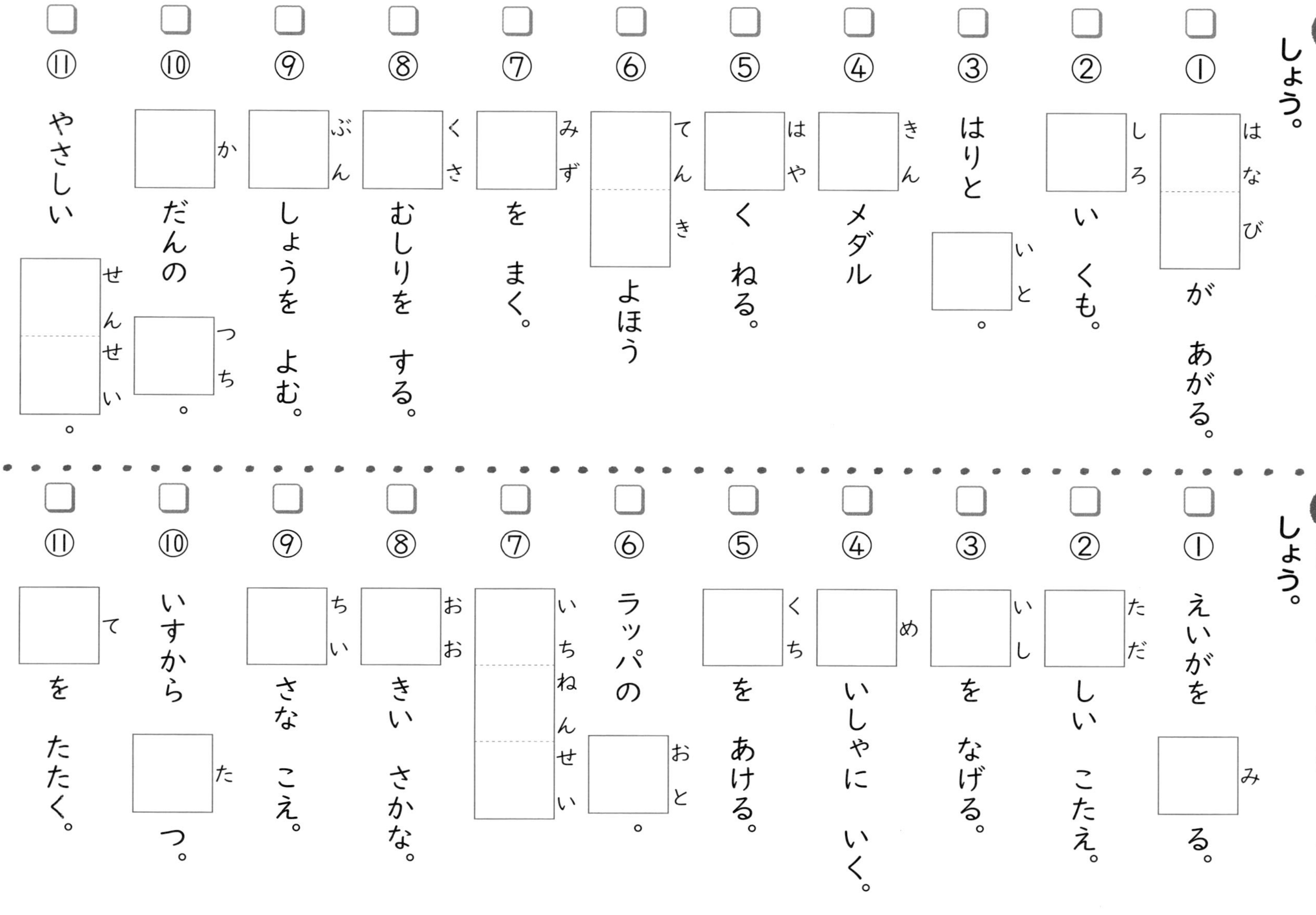

3 □に あう かん字を かきましょう。

① □□(はなび) が あがる。
② □(しろ) い くも。
③ はりと □(いと)。
④ □(きん) メダル
⑤ □(はや) く ねる。
⑥ □□(てんき) よほう
⑦ □(みず) を まく。
⑧ □(くさ) むしりを する。
⑨ □(ぶん) しょうを よむ。
⑩ □(か) だんの □(つち)。
⑪ やさしい □□(せんせい)。

4 □に あう かん字を かきましょう。

① えいがを □(み) る。
② □(ただ) しい こたえ。
③ □(いし) を なげる。
④ □(め) いしゃに いく。
⑤ □(くち) を あける。
⑥ ラッパの □(おと)。
⑦ □□□(いちねんせい)
⑧ □(おお) きい さかな。
⑨ □(ちい) さな こえ。
⑩ いすから □(た) つ。
⑪ □(て) を たたく。

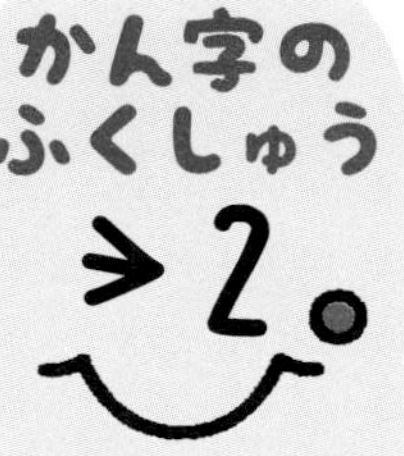

一年生で ならった かん字 (2)

★あたらしく つかう、二年の きょうかしょ㊦で ふくしゅうする かん字です。

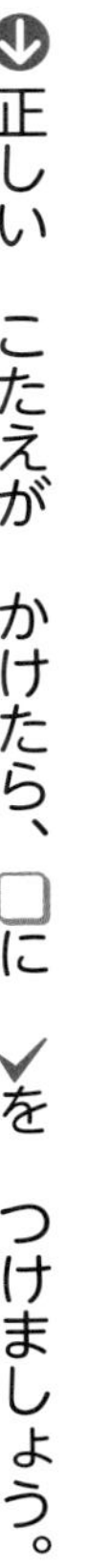

正しい こたえが かけたら、□に ✓を つけましょう。

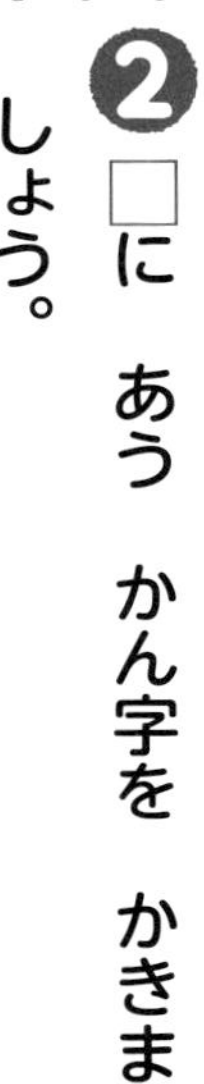

1 □に あう かん字を かきましょう。

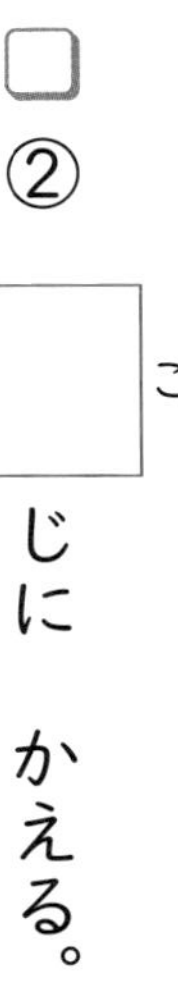

- □ ① □（さん）びきの こぶた。
- □ ② □（ご）じに かえる。
- □ ③ □（いぬ）が ほえる。
- □ ④ □□（よにん）の こども。
- □ ⑤ □（きゅう）さいに なる。
- □ ⑥ あめを □（に）こ かう。
- □ ⑦ だいこん □□（いっぽん）。
- □ ⑧ □（よん）さいの いもうと。
- □ ⑨ □（なな）つの なぞ。

2 □に あう かん字を かきましょう。

- □ ① みかんが □（ひと）つ。
- □ ② おかしが □（いっ）つ。
- □ ③ □□□（ひゃくえんだま）
- □ ④ □（はち）わの すずめ。
- □ ⑤ □（ここの）つ かぞえる。
- □ ⑥ まえから □（じゅう）ばん目。
- □ ⑦ □（ろく）まいの カード。
- □ ⑧ □（せん）ばづるを おる。
- □ ⑨ □（しち）月 □（とお）日

うらのページにつづくよ！

3 □に あう かん字を かきましょう。

① □（ちから）を こめる。
② □（たけ）とんぼ
③ そとに □（で）る。
④ へやに □（はい）る。
⑤ □（そら）を 見あげる。
⑥ □（あし）を のばす。
⑦ なつ □（やす）み
⑧ □（な）ふだを つける。
⑨ □（ひだり）に まがる。
⑩ 二かいに □（あ）がる。
⑪ 山を □（お）りる。

4 □に あう かん字を かきましょう。

① □（ひと）が おおい。
② □（おんな）の 先生。
③ □（こ）どもの あそび。
④ □（おとこ）ものの くつ。
⑤ □（みぎ）がわを あるく。
⑥ □（した）を むく。
⑦ □（うえ）へ のぼる。
⑧ □（あお）しんごう
⑨ 手がみを □（だ）す。
⑩ ふくろに □（い）れる。
⑪ けんだまの □□（めいじん）。

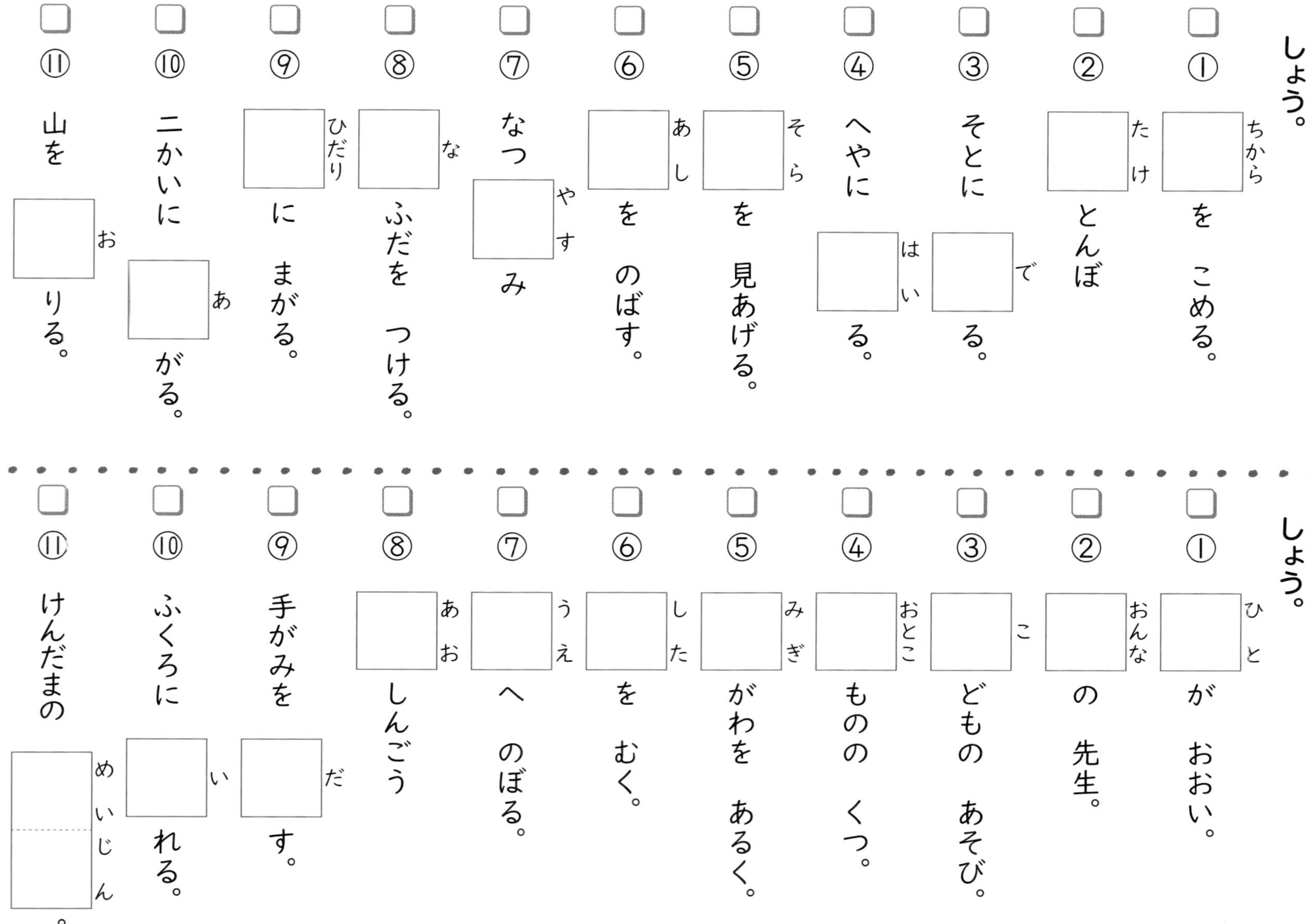

ふきのとう
図書館(かん)たんけん

◉ふきのとう／図書館たんけん

1 ――せんの　かん字の　読みがなを　書きましょう。　24てん（一つ2）

① 本を　読む。（　）
② 雪が　ふる。（　）
③ いけんを　言う。（　）
④ 学校へ　行く。（　）
⑤ 南の　ほう。（　）
⑥ 大きな　声。（　）
⑦ 字を　書く。（　）
⑧ こん虫を　さがす。（　）
⑨ 図書館（　）
⑩ あたらしく　知る。（　）
⑪ つるの　おり方。（　）
⑫ おもしろい　絵本。（　）

◉ふきのとう

2 上と　下の　ことばが　つながるように、――で　むすびましょう。　16てん（一つ4）

① あさの　ひかりを　からだに　・
② 耳の　そばで　小さな　声で　・
③ しっかりと　二本の　足で　・
④ にわの　あさがおに　あさ日が　・

・ア　ささやく。
・イ　あたる。
・ウ　ふんばる。
・エ　あびる。

教科書 上 19～35ページ

← うらのページにつづくよ！

❸ つぎの 文しょうを 読んで、もんだいに こたえましょう。

教上 21ページ1ぎょう〜22ページ6ぎょう

よが あけました。
あさの ひかりを あびて、
竹やぶの 竹の はっぱが、
「さむかったね。」
「うん、さむかったね。」
と ささやいて います。
雪が まだ すこし のこって、
あたりは しんと して います。

どこかで、小さな 声が
しました。
「よいしょ、よいしょ。
おもたいな。」
竹やぶの そばの
ふきのとうです。
雪の 下に あたまを 出して、
雪を どけようと、ふんばって
いる ところです。
「よいしょ、よいしょ。そとが
見たいな。」

〈くどう なおこ「ふきのとう」より〉

(1) この ばめんの きせつは いつですか。あう ものに ○を つけましょう。 10てん

ア（　）はるの はじめ
イ（　）はるの おわり
ウ（　）ふゆの はじめ

(2) 「ささやいて」いるのは、だれ（なに）ですか。 10てん

（　　　　）

(3) なんと ささやいて いましたか。文しょうの 中から 二つ 書きぬきましょう。 20てん（一つ10）

（　　　　）

（　　　　）

(4) 「小さな 声」は だれ（なに）の ものでしたか。 10てん

（　　　　）

(5) 「おもたいな。」と ありますが、ふきのとうは、だれ（なに）が おもたいと 言って いるのですか。 10てん

（　　　　）

ヒント ❸(3) はなす ことばには 「 」が ついて いるよ。

まとめのドリル 4。

ふきのとう
図書館（かん）たんけん

◉ふきのとう

1 （　）に　あてはまる　ことばを、［　］から　えらんで、きごうを　書きましょう。　20てん（一つ5）

① （　　）　いきを　はく。
② あたりは　（　　）　して　いる。
③ むね　（　　）　いきを　すう。
④ もう　（　　）　はるに　なった。

ア　しんと	イ　すっかり
ウ　ふうっと	エ　いっぱいに

◉図書館たんけん

2 （　）に　あてはまる　ことばを、［　］から　えらんで、きごうを　書きましょう。　18てん（一つ6）

① 図書館の　本は、絵本や　ものがたり、しゃかいに　ついての　本など、（　　）に　よって、たなが　わかれて　いる。
② 図書館の　本は、ふつう、さくしゃの　名まえや、本の　だいめいの　（　　）に　ならべられて　いる。
③ 読んだ　本は、読んだ日、だいめい、書いた人、おもしろかった　（　　）を　ノートや　カードに　書いて　おく。

ア　しゅるい	イ　大きさ
ウ　小さい　じゅん	エ　しるし
オ　あいうえおじゅん	

本を　さがしやすいように　ならべて　あるよ。

➡うらのページに つづくよ！

3 つぎの 文しょうを 読んで、もんだいに こたえましょう。

教上 26ページ1ぎょう～28ページ6ぎょう

お日さまに おこされて、
はるかぜは、大きな あくび。
それから、せのびして 言いました。
「や、お日さま。や、みんな。
おまちどお。」
はるかぜは、むね いっぱいに
いきを すい、ふうっと いきを
はきました。

はるかぜに ふかれて、
竹やぶが、ゆれる ゆれる、おどる。
雪が、とける とける、水に なる。
ふきのとうが、ふんばる、
せが のびる。
ふかれて、
ゆれて、
とけて、
ふんばって、
——もっこり。
ふきのとうが、かおを
出しました。
「こんにちは。」

もう、
すっかり はるです。

〈くどう なおこ「ふきのとう」より〉

(1) はるかぜが、お日さまに おこされて はじめに した ことは なんですか。三字で 二つ 書きましょう。

30てん(一つ15)

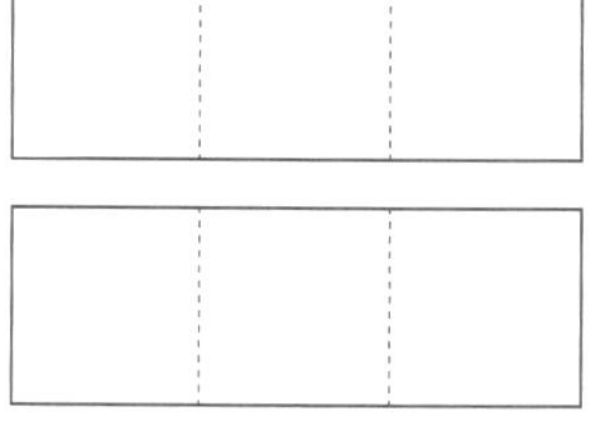

(2) 「や、お日さま。や、みんな。おまちどお。」は、どのように 音読すれば よいですか。一つに ○を つけましょう。

15てん

ア( )おこった ようすで 読む。

イ( )のんびりした ようすで 読む。

ウ( )びくびくした ようすで 読む。

(3) ふきのとうが 雪の 下から かおを 出す ようすを あらわした ことばを、文しょうの 中から 四字で 書きぬきましょう。

17てん

ヒント 3(2) ——せんの まえの はるかぜの ようすから かんがえよう。

きせつの ことば1 春が いっぱい 日記を 書こう ともだちは どこかな

◉きせつの ことば1 春が いっぱい／日記を 書こう／ともだちは どこかな

1 ――せんの かん字の 読みがなを 書きましょう。 24てん(一つ3)

① あたたかい 春。（　　）
② つくしが 生える。（　　）
③ やくそくを 思い出す。（　　）
④ 日記を 書く。（　　）（　　）
⑤ 月曜日の じかんわり。（　　　　）
⑥ ひき肉を いためる。（　　）
⑦ ともだちと 話す。（　　）
⑧ 犬の こえを 聞く。（　　）

◉きせつの ことば1 春が いっぱい

2 つぎの ことばの 中から、春の ものを あらわす ことばを 四つ えらんで、○を つけましょう。 16てん(一つ4)

ア（　　）さくら　イ（　　）ひまわり　ウ（　　）なの花
エ（　　）すいか　オ（　　）くり　カ（　　）もんしろちょう
キ（　　）すすき　ク（　　）うぐいす

◉ともだちは どこかな

3 話を 聞く とき、どんなことに 気をつけたら よい ですか。あう ものに ○を つけましょう。 8てん

ア（　　）なにも かんがえずに 聞く。
イ（　　）だいじだと 思うことを メモする。
ウ（　　）聞いたことを すべて メモする。
エ（　　）ともだちと メモを 見せあいながら 聞く。

うらのページにつづくよ！

教科書 上36～44ページ

◉日記を　書こう

4 つぎの　日記には　どんな　ことが　書いて　ありますか。二つに　○を　つけましょう。　14てん(一つ7)

教上39ページ7ぎょう〜9ぎょう

　夕ごはんのまえに、できたてを　あじみしました。ころもがかりっとしていて、おいしかったです。

〈「日記を　書こう」より〉


ア（　　）した　こと。

イ（　　）見つけた　もの。

ウ（　　）言った　こと。

エ（　　）思った　こと。

◉ともだちは　どこかな

5 つぎの　文しょうは、ともだちを　さがす　文しょうです。読んで　もんだいに　こたえましょう。

　かいじょうに　いっしょに　きて　いた　ともだちの　ゆみさんを　さがして　います。

　ゆみさんは、赤と　白の　よこの　しまもようの　シャツを　きて、ピンクの　ぼうしを　かぶり、リュックサックを　せおって　います。

　見つけたら、わたしに　おしえてください。

(1) ゆみさんを　さがす　ために、ゆみさんに　ついて　だいじな　ことを、書きましょう。　28てん(一つ7)

① （　　　　）の　よこの（　　　　）の　シャツを　きている。

② （　　　　）を　かぶって　いる。

③ （　　　　）を　せおって　いる。

(2) ゆかさんを　見つけた　人は、どう　すれば　よいですか。　10てん

（　　　　　　　　　　）

ヒント　5(2)　いちばん　おわりの　文を　よく　読もう。

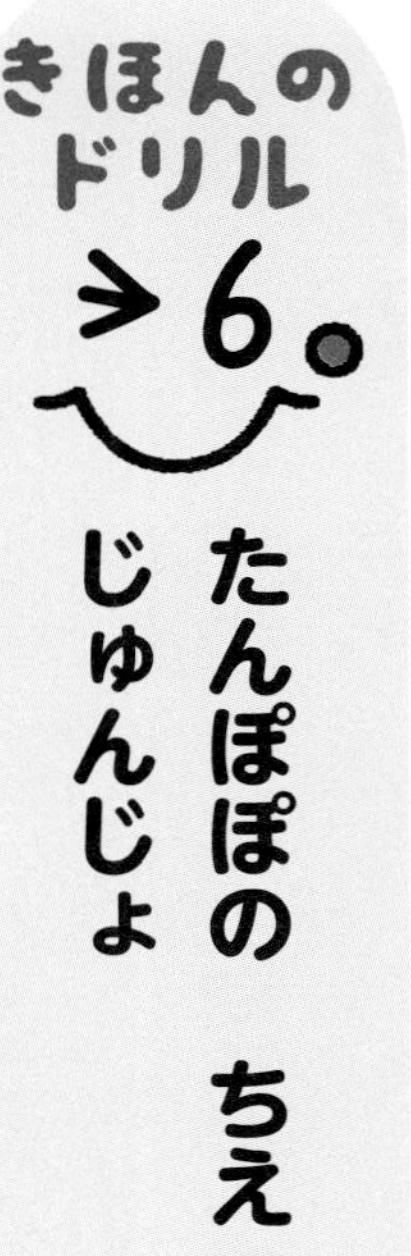

たんぽぽの ちえ じゅんじょ

◉たんぽぽの ちえ

1 ——せんの かん字の 読みがなを 書きましょう。 32てん(一つ4)

①（　）黄色　②（　）太らせる　③（　）晴れる　④（　）黒

⑤ 人が（　）多い。　⑥（　）高い　⑦（　）新しい　⑧（　）考える

2 ——せんの ことばの いみとして、あう ものに ○を つけましょう。 10てん(一つ5)

① たんぽぽの 花が しぼむ。

ア（　）水ぶんを うしなって ちぢむ。

イ（　）色が だんだん うすくなる。

ウ（　）花びらが おちて なくなる。

② わた毛の らっかさんが すぼむ。

ア（　）ふくらんで いた ものが、のびて 大きく なる。

イ（　）ふくらんで いた ものが、ちぢんで 小さく なる。

ウ（　）ふくらんで いた ものが、やぶれて なくなる。

にて いるけど、いみが すこし ちがうんだね。

◉じゅんじょ

3 つぎの 文しょうの 中から じゅんじょが わかる ことばを 二つ さがして、——を つけましょう。 10てん(一つ5)

はじめに 土に ゆびで あなを あけます。つぎに、その あなに あさがおの たねを 入れて、土を かけます。

➜うらのページにつづくよ！

教科書 上45～55ページ

❹ つぎの　文しょうを　読んで、もんだいに　こたえましょう。

教上 46ページ1行～48ページ8行

春に　なると、たんぽぽの　黄色い　きれいな　花が　さきます。
二、三日　たつと、その　花は　しぼんで、だんだん　黒っぽい　色に　かわって　いきます。そうして、たんぽぽの　花の　じくは、ぐったりと　じめんに　たおれて　しまいます。
けれども、たんぽぽは、かれて　しまったのでは　ありません。花と　じくを　しずかに　休ませて、たねに、たくさんの　えいようを　おくって　いるのです。こうして、たんぽぽは、たねを　どんどん　太らせるのです。

〈うえむら　としお「たんぽぽの　ちえ」より〉

(1) たんぽぽの　花が　さく　きせつは　いつですか。 8てん

（　　　　）

(2) たんぽぽの　花の　色は、どんな　色から　どんな　色に　かわりますか。 10てん(一つ5)

（　　　　）色から（　　　　）色。

(3) たんぽぽの　花の　色が　かわった　あとで、じくは　どのように　なりますか。 10てん

じめんに（　　　　）。

(4) 「たんぽぽは、かれて　しまったのでは　ありません。」と　ありますが、たんぽぽは　どう　して　いますか。つぎの（　）に　あう　ことばを　書きましょう。 20てん(一つ5)

花と（　　　　）を　しずかに　休ませて、（　　　　）に、たくさんの（　　　　）を　おくって、たねを　どんどん（　　　　）て　いる。

ヒント ❹(4)――せんの　ぶぶんの　あとで　せつめいして　いるよ。

まとめのドリル 7 たんぽぽの ちえ じゅんじょ

◉じゅんじょ

1 つぎの 文を、じかんが 早い じゅんに ならべかえて 1〜4の ばんごうを 書きましょう。 ぜんぶできて10てん

ア（　　）はを みがいたら、ふくを きがえて 学校に 行きます。

イ（　　）あさ おきたら、まず、かおを あらいます。

ウ（　　）その あと、かぞくで あさごはんを たべます。

エ（　　）ごはんを たべたら、はを みがきます。

◉たんぽぽの ちえ

2 つぎの 文しょうを 読んで、もんだいに こたえましょう。

教 上 48ページ9行〜49ページ2行

やがて、花は すっかり かれて、その あとに、白い わた毛が できて きます。

この わた毛の 一つ一つは、ひろがると、ちょうど らっかさんのように なります。

〈うえむら としお「たんぽぽの ちえ」より〉

(1) 「その あとに」は、花が どうなった あとに ですか。 10てん

（　　　　）

(2) 「わた毛の 一つ一つ」は、なにに にて いますか。 10てん

□□□□□

3 上と 下の ことばが つながるように、——で むすびましょう。 20てん（一つ5）

① じくが ぐったりと じめんに ・　　・ア おくる。

② たねに たくさんの えいようを ・　　・イ のびる。

③ せのびを するように ぐんぐん ・　　・ウ たおれる。

④ 風で たねを とおくまで ・　　・エ とばす。

← うらのページにつづくよ！

教科書 上 45〜55ページ

4 つぎの　文しょうを　読んで、もんだいに　こたえましょう。

教上 50ページ5行～51ページ9行

よく　晴れて、風の　ある　日には、わた毛の　らっかさんは、いっぱいに　ひらいて、とおくまで　とんで　いきます。

でも、しめり気の　多い　日や、雨ふりの　日には、わた毛の　らっかさんは、すぼんで　しまいます。それは、わた毛が　しめって、おもくなると、たねを　とおくまで　とばす　ことが　できないからです。

このように、たんぽぽは、いろいろな　ちえを　はたらかせて　います。そうして、あちらこちらに　たねを　ちらして、新しい　なかまを　ふやして　いくのです。

〈うえむら　としお「たんぽぽの　ちえ」より〉

(1) わた毛の　らっかさんが　とおくまで　とんで　いくのは、どんな　日ですか。書きぬきましょう。　10てん

(　　　)

(2) わた毛の　らっかさんが　すぼむのは、どんな　日ですか。二つ　書きぬきましょう。　20てん(一つ10)

(　　　)

(　　　)

(3) わた毛の　らっかさんが　すぼむのは、なぜですか。つぎの　(　)に　あう　ことばを　書きましょう。　10てん

わた毛が　しめると、とおくまで　(　　　)　ことが　できないから。

(4) たんぽぽは、どう　やって　新しい　なかまを　ふやして　いくのですか。あう　ものに　○を　つけましょう。　10てん

ア(　)虫に　たねを　はこんで　もらう。

イ(　)おなじ　ところに　花を　さかせる。

ウ(　)あちらこちらに　たねを　ちらす。

ヒント 4(1)(2)「……日」と　書かれて　いる　ところが　あるよ。

かんさつ名人に　なろう　いなばの　白うさぎ　同じ　ぶぶんを　もつ　かん字

◉かんさつ名人に　なろう／同じ　ぶぶんを　もつ　かん字

1 ――線の　かん字の　読みがなを　書きましょう。　48てん（一つ4）

①（　　）ものの　形。

②（　　）体が　大きい。

③（　　）手を　近づける。

④（　　）同じ　人を　見る。

⑤（　　）長さを　はかる。

⑥（　　）今すぐ　いえに　かえる。

⑦（　　）おかあさんの　会社。

⑧（　　）まっすぐな　線。

⑨（　　）汽車に　のる。

⑩（　　）海の　ちかくの　町。

⑪（　　）町内の　おまつり。

⑫（　　）姉は　五年生だ。

◉かんさつ名人に　なろう

2 上と　下の　ことばが　つながるように、――で　むすびましょう。　16てん（一つ4）

① 大きさや　形、色を　・　　・ア　かぐ。

② かたつむりの　体の　長さを　・　　・イ　見る。

③ トマトの　みの　においを　・　　・ウ　さわる。

④ 手で　花びらを　そっと　・　　・エ　はかる。

うらのページにつづくよ！

教科書 上 56～66ページ

◉かんさつ名人に　なろう

3 ——線の　ことばの　いみとして、あう　ものに　○を　つけましょう。

10てん(一つ5)

① ていねいに　かんさつします。

ア(　　)おもしろそうな　ことだけを　見る　こと。

イ(　　)とくに　目立つ　ところだけを　見る　こと。

ウ(　　)ありのままの　ようすを　気を　つけて　見る　こと。

② よく　わかるように　きろくする。

ア(　　)わすれないように　おぼえて　おく。

イ(　　)あとに　のこす　ために　書きしるす。

ウ(　　)たいせつな　ことを　えらびとる。

4 かんさつの　しかたとして、あう　ものに　すべて　○を　つけましょう。

ぜんぶできて14てん

ア(　　)形や　色を　見る。

イ(　　)さわって　みる。

ウ(　　)どう　そだつか　考える。

エ(　　)長さを　はかる。

オ(　　)本で　しらべる。

◉同じ　ぶぶんを　もつ　かん字

5 □の　中から　同じ　ぶぶんを　もつ　かん字を　三組(くみ)　えらんで、書きましょう。

12てん(それぞれできて一つ4)

村	円	切
山	内	川
刀	車	森

(　　　)と(　　　)

(　　　)と(　　　)

(　　　)と(　　　)

ヒント ❹ かんさつする　ときは、ありのままを　見るよ。

まとめのドリル9

かんさつ名人に　なろう
いなばの　白うさぎ
同じ　ぶぶんを　もつ　かん字

時間 20分
合かく80点　／100
こたえ 85ページ
サクッと こたえあわせ
月　日

◉同じ　ぶぶんを　もつ　かん字

1 つぎの　かん字の　同じ　ぶぶんを、□に　書きましょう。　45てん（一つ5）

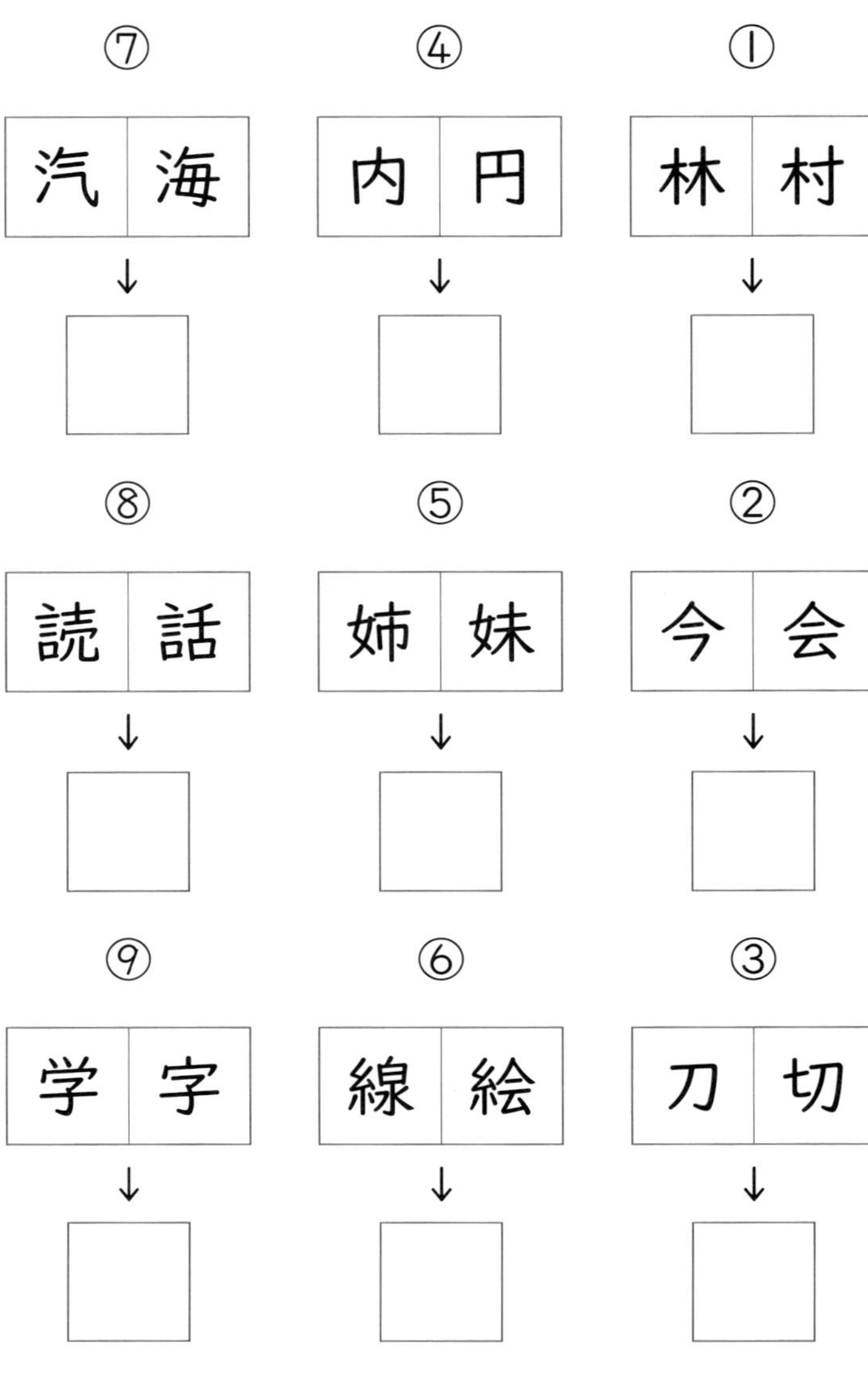

	かん字	
①	村　林	→ □
②	会　今	→ □
③	切　刀	→ □
④	円　内	→ □
⑤	妹　姉	→ □
⑥	絵　線	→ □
⑦	海　汽	→ □
⑧	話　読	→ □
⑨	字　学	→ □

◉かんさつ名人に　なろう

2 かんさつして、きろくする　ときに　たいせつな　こととして、あう　ものに　すべて　○を　つけましょう。　ぜんぶできて9てん

ア（　）かんさつする　ものを　きめずに、じゆうに　かんさつする。

イ（　）書く　ことと　じゅんじょを　考える。

ウ（　）きろくする　文しょうには、はじめに、いつ、なにを　かんさつしたかを　書く。

エ（　）きろくする　文しょうには、「みたいな」「ようだ」などは　つかわず、ようすを　くわしく　書く。

オ（　）きろくする　文しょうが　書きおわったら、ともだちと　読みあう。


うらのページにつづくよ！

3 つぎの　文しょうを　読んで、もんだいに　こたえましょう。

📖教上59ページ6行〜12行

ミニトマトに黄色い花がさきました。
花は、ほしみたいな形にひらいていて、花びらはどれもそりかえっています。花びらをそっとさわってみたら、さらさらしていました。

〈「かんさつ名人に　なろう」より〉

(1) ①花は、どんな形で、②手ざわりは　どのようでしたか。　20てん（一つ10）

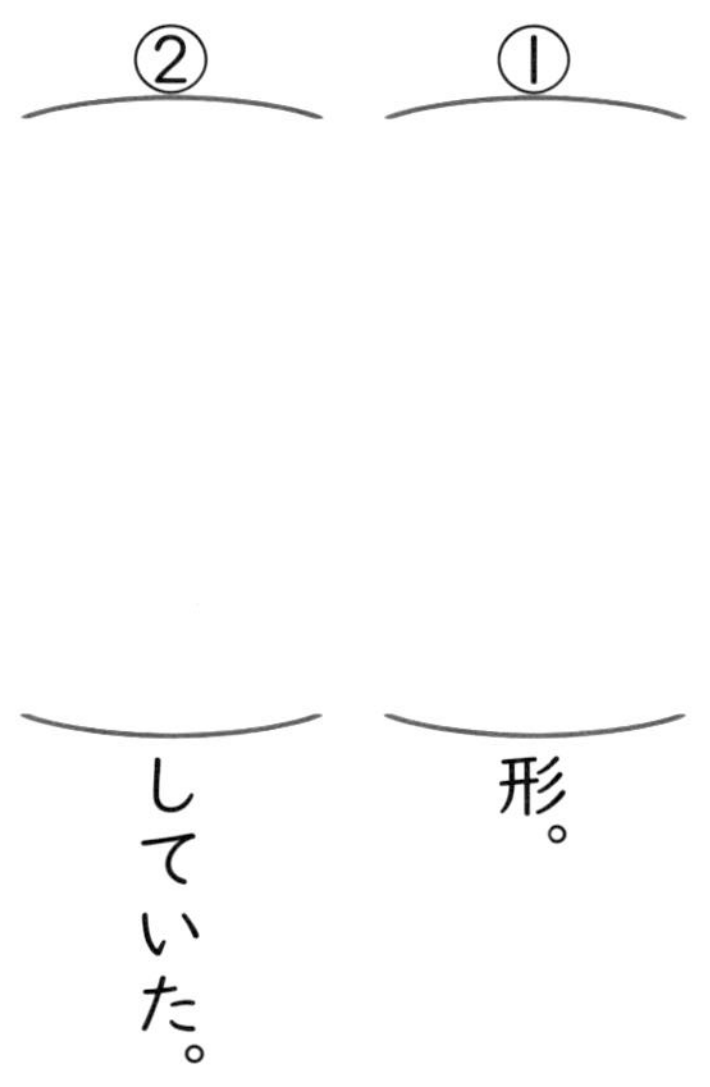

①（　　　　）形。

②（　　　　）していた。

4 つぎの　文しょうを　読んで、もんだいに　こたえましょう。

📖教上60ページ1行〜11行

六月七日(金)くもり
ミニトマトのみが大きくなってきました。
いちばん大きなみは、ビー玉ぐらいです。色は、みどり色です。さわってみると、つるつるしていました。みの先の方には、かれた花がついていることに気がつきました。かおを近づけたら、赤いトマトと同じにおいがしました。

〈「かんさつ名人に　なろう」より〉

(1) この　文しょうは、どのように　かんさつした　ものを書いた　文ですか。あう　ものに　すべて　○を　つけましょう。　ぜんぶできて16てん

ア（　）見た　もの。
イ（　）きいた　もの。
ウ（　）さわった　もの。
エ（　）においを　かいだ　もの。

(2) かんさつして　わかったことを　一つ　えらんで、○を　つけましょう。　10てん

ア（　）いろいろな　大きさの　みが　なって　いる　こと。
イ（　）みの　かずが　いくつ　あったかと　いう　こと。
ウ（　）みの　先の　方に　かれた　花が　ついて　いる　こと。

ヒント 4(2) よく　見た　ことで、どんな　ことが　わかったかな。

きほんのドリル 10。

スイミー／かん字の ひろば①
メモを とる とき

時間 15分　合かく80点　／100

こたえ 86ページ　サクッと こたえあわせ

月　日

◉スイミー／メモを とる とき

1 ――線の かん字の 読みがなを 書きましょう。　24てん（一つ3）

①魚（　　）　②元気（　　）　③教える（　　）　④岩（　　）

⑤広い（　　）　⑥名前（　　）　⑦家（　　）　⑧池（　　）

◉スイミー

2 ――線の ことばの いみとして、あう ものに ○を つけましょう。　10てん（一つ5）

「見て 見ぬ ふり」の 「ふり」と 同じだよ。

① 大きな 魚の ふりを する。

ア（　）おどる こと。

イ（　）それらしく 見せる こと。

ウ（　）うそが ばれないように する こと。

② みんなが もちばを まもる。

ア（　）うけもって いる ところ。

イ（　）だいじな ものを かくす ところ。

ウ（　）人が たくさん あつまる ところ。

◉かん字の ひろば①

3 つぎの ことばを つかって みじかい 文を つくりましょう。　8てん

〈れい〉山　夕日→　山の むこうに 夕日が しずむ。

王さま　森

（　　　　　　　　　　）

教科書 上67～83ページ

←うらのページに つづくよ！

4 つぎの 文しょうを 読んで、もんだいに こたえましょう。

教上 68ページ1行～71ページ10行

広い 海の どこかに、小さな 魚の きょうだいたちが、たのしく くらして いた。
みんな 赤いのに、一ぴきだけは、からす貝よりも まっ黒。およぐのは、だれよりも はやかった。
名前は スイミー。
ある 日、おそろしい まぐろが、おなかを すかせて、すごい はやさで ミサイルみたいに つっこんで きた。
一口で、まぐろは、小さな 赤い 魚たちを、一ぴき のこらず のみこんだ。
にげたのは スイミーだけ。
スイミーは およいだ、くらい 海の そこを。こわかった。さびしかった。とても かなしかった。

〈レオ=レオニ さく／たにかわ しゅんたろう やく「スイミー」より〉

(1) スイミーの 体の 色は どんなでしたか。(　)に あてはまる ことばを 書きましょう。 14てん(一つ7)

みんな (　　　) のに、スイミーだけは、からす貝よりも (　　　) だった。

(2) まぐろが、スイミーたちの ところに すごい はやさで つっこんで きた ようすを なにに たとえて いますか。四字で 書きましょう。 14てん

(3) スイミーが くらい 海の そこを およいだ ときの 気もちを、三つ 書きましょう。 30てん(一つ10)

(　　　)

(　　　)

(　　　)

ヒント 4(2) 「……みたいに」は、たとえを あらわす 言い方だよ。

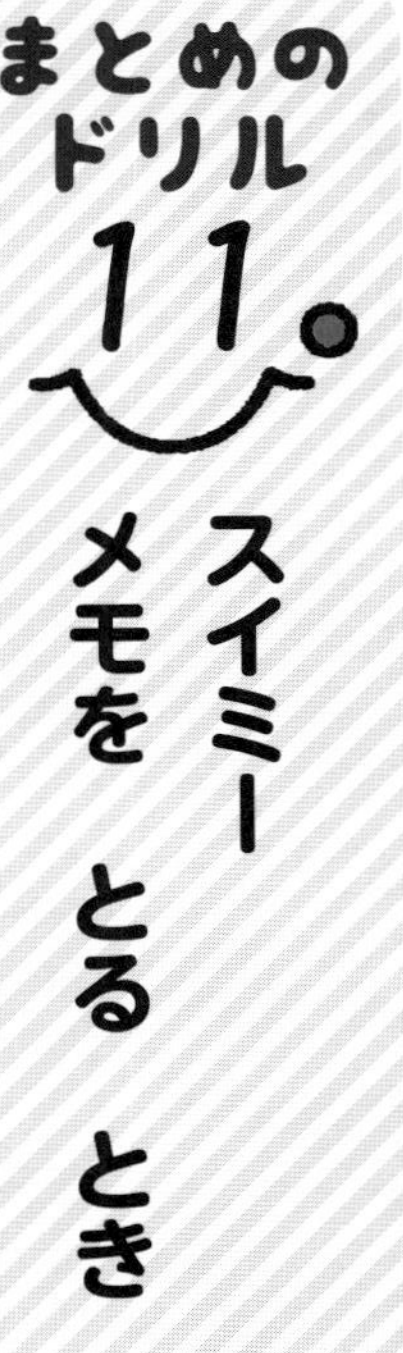

まとめのドリル 11 スイミー／メモを とる とき

◉メモを とる とき

1 メモの とり方として、あう ものに 二つ ○を つけましょう。 20てん(一つ10)

ア( )おぼえて おきたい ことを 書く。
イ( )だいじでは ない ことも 書く。
ウ( )長い 文しょうで 書く。
エ( )みじかい ことばで 書く。

◉スイミー

2 つぎの 文しょうを 読んで、もんだいに こたえましょう。

教 上 72ページ1行～73ページ1行

けれど、海には、すばらしい ものが いっぱい あった。おもしろい ものを 見る たびに、スイミーは、だんだん 元気を とりもどした。

にじ色の ゼリーのような くらげ。

水中ブルドーザーみたいな いせえび。

見た ことも ない 魚たち。見えない 糸で ひっぱられて いる。

〈レオ=レオニ さく／たにかわ しゅんたろう やく「スイミー」より〉

(1) スイミーは どんな 「すばらしい もの」を 見ましたか。見た じゅんばんに 1～3の ばんごうを 書きましょう。 ぜんぶできて15てん

ア( )いせえび
イ( )くらげ
ウ( )見た ことも ない 魚たち

(2) 「おもしろい もの」を 見た スイミーは どう なりましたか。 15てん

( )

うらのページにつづくよ！

教科書 上 67～83ページ

3 つぎの　文しょうを　読んで、もんだいに　こたえましょう。

教上 76ページ1行～77ページ8行

　それから、とつぜん、スイミーは　さけんだ。

「そうだ。みんな　いっしょに　およぐんだ。海で　いちばん　大きな　魚の　ふりを　して。」

　スイミーは　教えた。けっして、はなればなれに　ならない　こと。みんな、もちばを　まもる　こと。

　みんなが、一ぴきの　大きな　魚みたいに　およげるように　なった　とき、スイミーは　言った。

「ぼくが、目に　なろう。」

　あさの　つめたい　水の　中を、ひるの　かがやく　光の　中を、みんなは　およぎ、大きな　魚を　おい出した。

〈レオ＝レオニ　さく／たにかわ　しゅんたろう　やく「スイミー」より〉

(1)　スイミーは　なにの　ふりを　しようと　言いましたか。十字で　書きぬきましょう。　10てん

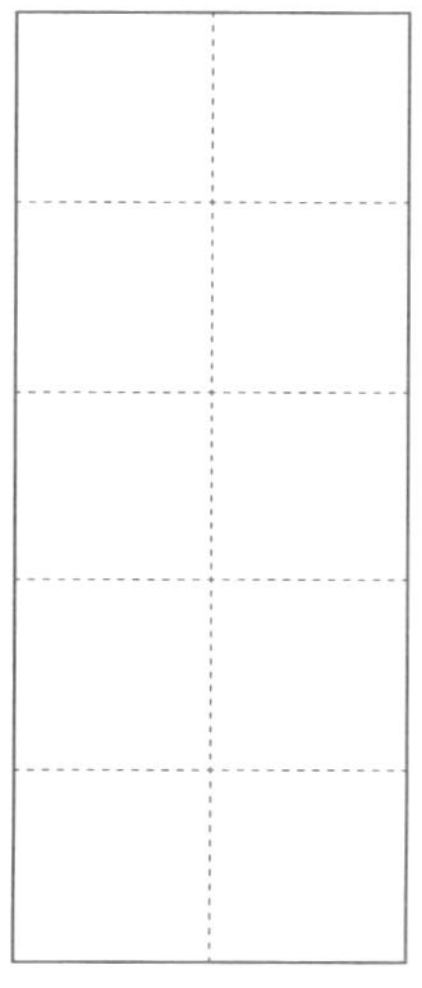

(2)　スイミーは、みんなに、どんな　ことを　教えましたか。二つ　えらんで、○を　つけましょう。　20てん（一つ10）

ア（　　）けんかを　しないこと。

イ（　　）はなればなれに　ならない　こと。

ウ（　　）だれよりも　はやく　およぐ　こと。

エ（　　）もちばを　まもる　こと。

(3)　「一ぴきの　大きな　魚みたい」に　なった　とき、スイミーは　なにの　ふりを　しましたか。一字で　書きましょう。　10てん

(4)　みんなで　いっしょに　およいで、どうしましたか。　10てん

（　　　　　　　　　　）

ヒント　3(2)「スイミーは　教えた。」の　あとに　書いて　あるね。

きほんのドリル 12。

こんな　もの、見つけたよ
丸、点、かぎ
あったらいいな、こんなもの

月　　日

◉こんな　もの、見つけたよ／あったらいいな、こんなもの

1 ――線の　かん字の　読みがなを　書きましょう。　30点（一つ5）

①（　　）組み立てる　②（　　）後ろを　見る。　③（　　）数を　へらす。

④ とりの（　　）羽。　⑤ 白い（　　）雲。　⑥（　　）引き出す

◉丸、点、かぎ

2 上の　ふごうの　せつめいとして　あう　ものを、――で　むすびましょう。　15点（一つ5）

① 丸（。）・　　・ア　人の　話した　ことばに　つける。
② 点（、）・　　・イ　文の　切れ目に　つける。
③ かぎ（「」）・　　・ウ　文の　おわりに　つける。

3 つぎの　文しょうを　読んで、もんだいに　こたえましょう。　15点（それぞれぜんぶできて一つ5）

そのとき　けんたくんが
ぼくもいっしょに海に
行きたいな
と言いました　わたしは
じゃあ　ふたりで行こう
よ
とこたえました

(1) 右の　文に、丸（。）を　四つ　つけましょう。
(2) 右の　文に、点（、）を　五つ　つけましょう。
(3) 右の　文に、かぎ（「」）を　二かしょ　つけましょう。

うらのページにつづくよ！

教科書 上84～93ページ

4 つぎの 文しょうを 読んで、もんだいに こたえましょう。

教上 87ページ2行～13行

さわるとつるつるしている木　しもだ　かほ

わたしは、くじらこうえんで、おもしろい木を見つけました。

ぶらんこの後ろに、ピンクの花がさいている木が一本、白い花がさいている木が二本ありました。木のみきをさわると、つるつるしていて、びっくりしました。先生にきいてみたら、

「それは、さるすべりの木ですよ。」

と教えてくれました。

みなさんも、ぜひ、さるすべりの木を見に行って、みきにさわってみてください。

〈「こんな もの、見つけたよ」より〉

(1) しもださんは、おもしろい 木を どこで 見つけましたか。 10点（一つ5）

（　　　　）の（　　　　）。

(2) しもださんは、どんな ことに びっくり しましたか。あう ものに ○を つけましょう。 10点

ア（　）みきが つるつる して いた こと。

イ（　）ちがう 色の 花が さいて いた こと。

ウ（　）きれいな 花が さいて いた こと。

(3) しもださんが 見つけた 木は、なんと いう 名前でしたか。 10点

（　　　　）

(4) しもださんは、読んで いる 人に、なにを して ほしいと 言って いますか。 10点

（　　　　）

ヒント 4(2) しもださんは、木を 見つけて、どんな ことを したのかな。

まとめのドリル 13。こんな　もの、見つけたよ／丸、点、かぎ／あったらいいな、こんなもの

◎丸、点、かぎ

1 つぎの　文に　点（、）を　一つ　つけて、いみの　ちがう　二つの　文を　つくりましょう。　20点（一つ10）

- この店ではきものを買う。

① きものを　買う　とき。

（　　　　　　　　　　）

② はきものを　買う　とき。

（　　　　　　　　　　）

2 つぎの　文を　丸（。）・点（、）・かぎ（「　」）に　ちゅういして、正しく　ます目に　書きましょう。　ぜんぶできて20点

　ぼくは、おじさんに、

「ねえ、おじさんが子どものころの話をしてよ。」

とたのみました。

教科書 上84～93ページ

↓うらのページにつづくよ！

◉こんな　もの、見つけたよ

3 つぎの　文しょうを　読んで、もんだいに　こたえましょう。

せみのぬけがら

かわの　そうご

ぼくは、学校に行くとちゅうで、せみのぬけがらを見つけました。せみのぬけがらはちゃ色をしていて、木のえだにしっかりつかまっていました。はずしてみると、思ったよりもずっとかるかったので、びっくりしました。

(1) かわのさんは、なにを　見つけましたか。（15点）

（　　　　）

(2) かわのさんが、びっくりしたのは　なぜですか。（15点）

（　　　　）

◉あったらいいな、こんなもの

4 つぎの文しょうは、あったらいいなと　思うものをはっぴょうするための、ともだちとの話しあいです。読んで、もんだいにこたえましょう。

・くだものがアイスクリームになる、まほうのおなべ

〈　①　〉

はるか「どうして、あったらいいなと　思ったの。」

ゆうと「アイスクリームが大すきで、たくさん食べたいからだよ。」

〈　②　〉

はるか「どんな色や形をしているの。」

ゆうと「　③　よ。」

(1) 文しょう中の①・②にあうことばをえらんで、記ごうを書きましょう。（20点（一つ10））

①（　　）　②（　　）

ア　つかい方

イ　形や色、大きさなど

ウ　あったらいいなと　思うわけ

(2) 文しょう中の③にあうことばに、○をつけましょう。（10点）

ア（　　）赤いりんごの形だ

イ（　　）おいしくつくれる

ウ（　　）ぼくが考えたんだ

ヒント　3(2)「……ので」は、りゆうを　あらわす　言い方だよ。

きほんのドリル

14. きせつのことば2 夏がいっぱい／お気に入りの本をしょうかいしよう／ミリーのすてきなぼうし

時間 15分　合かく80点　/100

サクッとこたえあわせ　こたえ 87ページ

月　日

◉きせつのことば2　夏がいっぱい／お気に入りの本をしょうかいしよう／ミリーのすてきなぼうし

1 ——線のかん字の読みがなを書きましょう。 24点（一つ3）

① （　）夏休み　② （　）公園　③ （　）通る　④ （　）一万円

⑤ （　）頭　⑥ やって（　）来る。　⑦ （　）鳥　⑧ （　）歌

◉きせつのことば2　夏がいっぱい

2 つぎのことばの中から、夏のものをあらわすことばを四つえらんで、○をつけましょう。 20点（一つ5）

ア（　）あさがお　イ（　）すいせん

ウ（　）すず虫　エ（　）すいか

オ（　）かぶと虫　カ（　）たんぽぽ

キ（　）もみじ　ク（　）トマト

◉ミリーのすてきなぼうし

3 ——線のことばのいみとして、あうものに○をつけましょう。 10点（一つ5）

① さっそく、出かけることにした。

ア（　）今すぐに。

イ（　）だれかといっしょに。

ウ（　）あとでゆっくりと。

② こまかいところまで、しんちょうにしらべる。

ア（　）あわてながら、すばやく。

イ（　）じしんをもって、どうどうと。

ウ（　）ちゅういぶかく、ていねいに。

どれを入れたら、文のいみがつうじますか。

うらのページにつづくよ！

教科書 上94～113ページ

4 つぎの文しょうを読んで、もんだいにこたえましょう。

教上 103ページ12行～104ページ12行

「あっ、あります。」

店長さんは、とつぜん、大きな声で言いました。

「ちょうどよいのが、一つありました。しょうしょうおまちください。」

そう言うと、お店のうらの方に行ってしまいました。

しばらくすると、店長さんは、はこを手にして　もどってきました。そして、テーブルにおくと、ふたをとりました。

「これは、とくべつなぼうしです。」

店長さんは言いました。

「大きさも形も色も、じゆうじざい。おきゃくさまのそうぞうしだいで　どんなぼうしにもなる、すばらしいぼうしです。」

店長さんは、しんちょうに　ぼうしをはこからとり出すと、ミリーの頭にのせました。ぴったりです。とってもいいかんじです。

〈きたむら　さとし「ミリーのすてきなぼうし」より〉

(1) 店長さんは、なにが「あります」と言ったのですか。 10点

ちょうどよい（　　　　）。

(2) 店長さんは、「はこ」を、どこからもってきましたか。 11点

（　　　　）から。

(3) 「とくべつなぼうし」とありますが、どのようにとくべつなのですか。あうものに○をつけましょう。 10点

ア（　）色とりどりの羽が、たくさんついている。

イ（　）ぼうしやさんの中で、一ばんねだんが高い。

ウ（　）そうぞうしだいで、どんなぼうしにもなる。

(4) ミリーがぼうしをかぶってみると、どんなかんじでしたか。 15点

（　　　　）

ヒント 4(3) 店長さんのことばをよく読んでみよう。

まとめのドリル 15

きせつのことば2 夏がいっぱい
ミリーのすてきなぼうし

◉きせつのことば2　夏がいっぱい

1 つぎの詩を読んで、もんだいにこたえましょう。

教 上 95ページ

みんみん

たにかわ　しゅんたろう

みんみん　なくのは　せみ
そうっと　ちかづく　あみ
はやしの　むこうに　うみ
きらきら　かがやく　なみ

よびごえ　きこえる　みみ
いちばん　なかよし　きみ
とこやに　いったね　かみ
まっかに　みのった　ぐみ

(1) だいめいの「みんみん」は、なにをあらわしていますか。 10点

（　　　　）

(2) この詩の中で、くりかえされている文字を、ひらがな一字で書きましょう。 10点

(3) 「とこやに　いった」のはだれですか。 10点

◉ミリーのすてきなぼうし

2 つぎの文しょうを読んで、もんだいにこたえましょう。

教 上 113ページ3行～9行

「ママだってもってるのよ、ほんとうは。そうぞうすればいいの。」と、ミリー。

そうです。だれだってもっているのです。じぶんだけのすてきなぼうしを。

〈きたむら　さとし「ミリーのすてきなぼうし」より〉

(1) 「じぶんだけのすてきなぼうし」は、なにをすると、もつことができますか。四字で書きましょう。 15点

教科書 上 94～113ページ

うらのページにつづくよ！

3 つぎの文しょうを読んで、もんだいにこたえましょう。

教上 106ページ1行～108ページ9行

「でも、なにかそうぞうしなくちゃ。」

ミリーは思いました。

「じゃないと、ぼうしの形が見えないもの。どんなぼうしにしようかな——。そうだ、お店にあった、いろんな色の羽のぼうし。あんなぼうし——。でもね、もっともっと　たくさん羽がついてるの。」

そう、クジャクのぼうし。

ケーキやさんの前を通ったら、おいしそうなケーキが　いっぱいならんでいました。ミリーは、そうぞうしました。すると、ぼうしは、ケーキのぼうしになりました。

花やさんを通りすぎたとき、ミリーのぼうしは、花でいっぱいのぼうしになりました。

公園では、ふんすいのぼうしです。

そのときです。ミリーは、気がつきました。ぼうしをかぶっているのは、じぶんだけじゃないんだと。みんな、ぼうしをもっていたのです。そのどれもが、それぞれちがったぼうしでした。

〈きたむら　さとし「ミリーのすてきなぼうし」より〉

(1) ミリーははじめに、どんなぼうしをそうぞうしましたか。 15点（一つ5）

（　　　）にあった、（　　　）のぼうしよりも、たくさん（　　　）がついているぼうし。

(2) ミリーのぼうしは、どのようにかわりましたか。お話のじゅんに、1～4のばんごうを書きましょう。 ぜんぶできて20点

ア（　）クジャクのぼうし

イ（　）花でいっぱいのぼうし

ウ（　）ふんすいのぼうし

エ（　）ケーキのぼうし

(3) 「ミリーは、気がつきました。」とありますが、どんなことに気がついたのですか。 20点

（　　　）

ヒント 3(3) この文とあとの文は、文のじゅんばんが　ふつうとはちがっているよ。

夏休みのホームテスト 16。

四月から七月にならったかん字とことば

時間 20分　合かく80点　／100

こたえ 88ページ　サクッとこたえあわせ

月　日

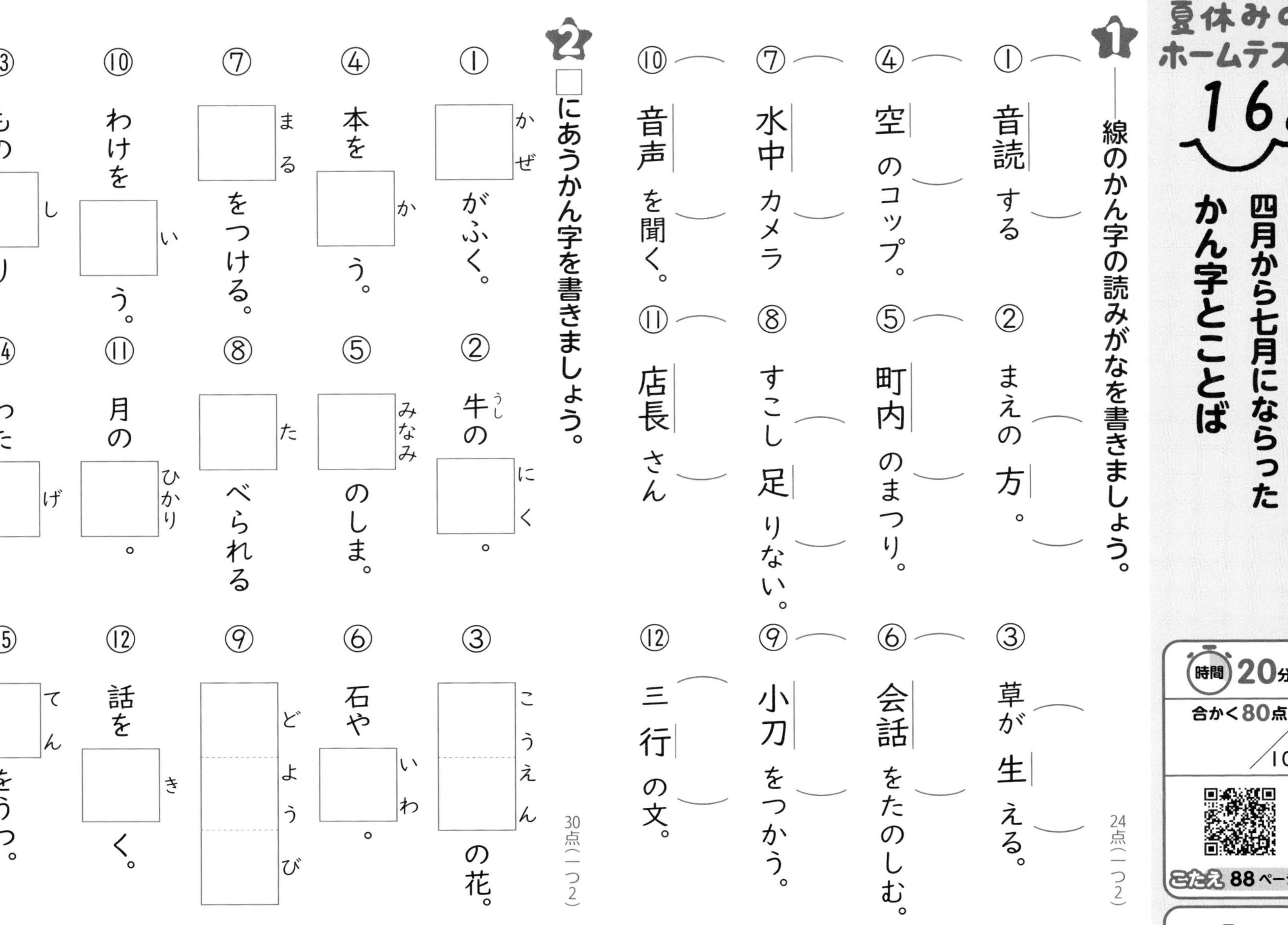

1 ――線のかん字の読みがなを書きましょう。 24点（一つ2）

①（　）音読する
②まえの方。（　）
③草が生える。（　）
④空のコップ。（　）
⑤町内のまつり。（　）
⑥会話をたのしむ。（　）
⑦水中カメラ（　）
⑧すこし足りない。（　）
⑨小刀をつかう。（　）
⑩音声を聞く。（　）
⑪店長さん（　）
⑫三行の文。（　）

2 □にあうかん字を書きましょう。 30点（一つ2）

① □（かぜ）がふく。
② 牛（うし）の□（にく）。
③ □□（こうえん）の花。
④ 本を□（か）う。
⑤ □（みなみ）のしま。
⑥ 石や□（いわ）。
⑦ □（まる）をつける。
⑧ □（た）べられる
⑨ □□□（どようび）
⑩ わけを□（い）う。
⑪ 月の□（ひかり）。
⑫ 話を□（き）く。
⑬ もの□（し）り
⑭ わた□（げ）
⑮ □（てん）をうつ。

うらのページにつづくよ！

3 ――線のことばを、かん字とひらがなで書きましょう。

24点(一つ2)

① かんがえる（　　）
② おしえる（　　）
③ よくはれる。（　　）
④ せがたかい。（　　）
⑤ ちかい町。（　　）
⑥ 人がおおい。（　　）
⑦ おもい出（　　）
⑧ おなじふく。（　　）
⑨ ふとった犬。（　　）
⑩ あたらしい（　　）
⑪ ひろいにわ。（　　）
⑫ よくきれる。（　　）

4 ――線のかん字の読みがなを書きましょう。

8点(一つ2)

①
ア 名人（　　）
イ 名前（　　）

②
ア しめり気（　　）
イ 元気（　　）

5 つぎのかん字とおなじぶぶんをもつかん字を、下の［　］からえらんで、書きましょう。

14点(一つ2)

① 線［　］
② 雪［　］
③ 今［　］
④ 海［　］
⑤ 妹［　］
⑥ 休［　］
⑦ 円［　］

汽　内　元　体　正
雲　絵　会　姉

きほんのドリル 17。

雨のうた／ことばでみちあんない／みの回りのものを読もう／書いたら、見直そう／かん字のひろば②

時間 15分　合かく80点　／100

サクッとこたえあわせ　こたえ 88ページ

月　日

◉ことばでみちあんない／みの回りのものを読もう／書いたら、見直そう

1 ——線のかん字の読みがなを書きましょう。 18点（一つ3）

①（　　）よく分かる。
②（　　）二回くりかえす。
③（　　）見直す
④（　　）遠足に行く。
⑤（　　）手紙を出す。
⑥（　　）友だち

◉ことばでみちあんない

2 分かりやすくみちあんないをするときにたいせつなことに、すべて○をつけましょう。 ぜんぶできて8点

ア（　）はじめに、あんないするばしょがどこかを言う。
イ（　）通るじゅんに　みちをせつめいする。
ウ（　）いくつもの行き方を、いちどにせつめいする。
エ（　）まがるところや目じるしになるものを、はっきりと言う。
オ（　）まわりのけしきのきれいなところを教えてあげる。

◉かん字のひろば②

3 つぎのことばをつかって、みじかい文をつくりましょう。 14点（一つ7）

〈れい〉木曜日　天気↓　木曜日はよい天気でした。

①　火曜日　草とり

（　　　　　　　　）

②　日曜日　花火

（　　　　　　　　）

←うらのページにつづくよ！

4 つぎの詩を読んで、もんだいにこたえましょう。

教上 114ページ〜115ページ

雨のうた　　つるみ　まさお

あめは　ひとりじゃ　うたえない、
きっと　だれかと　いっしょだよ。
やねと　いっしょに　やねのうた
つちと　いっしょに　つちのうた
かわと　いっしょに　かわのうた
はなと　いっしょに　はなのうた。

あめは　だれとも　なかよしで、
どんな　うたでも　しってるよ。
やねで　とんとん　やねのうた
つちで　ぴちぴち　つちのうた
かわで　つんつん　かわのうた
はなで　しとしと　はなのうた。

(1) 「あめ」は、だれといっしょにうたいますか。四つ書きぬきましょう。　20点（一つ5）

(　　)(　　)
(　　)(　　)

(2) 「やね」のうたは、どんなうたですか。　10点

(　　)

(3) 「しとしと」は、だれのうたですか。　10点

(　　)

(4) 「あめ」は、なぜ「どんなうたでもしってる」のですか。　10点

(　　)

(5) この詩のとくちょうにあうものを、つぎから二つえらんで、○をつけましょう。　10点（一つ5）

ア(　　)リズムがあり、うたうようなかんじがする。
イ(　　)リズムがなく、たいくつなかんじがする。
ウ(　　)色をあらわすことばがたくさんつかわれている。
エ(　　)音をあらわすことばがたくさんつかわれている。

ヒント 4(4) すぐ前に「あめ」のようすが書いてあるよ。

まとめのドリル 18. ことばでみちあんない　かん字のひろば②

◉ことばでみちあんない

1 つぎのちずを見て、もんだいにこたえましょう。

(1) どうぶつ園の入り口から ぞうのいるばしょまで みちあんないをするために、［　］のように 言いました。このみちあんないの分かりにくいところはどこですか。あうものに○をつけましょう。 20点

> 入り口を入って、しばらくまっすぐ行ったら、右にまがります。右にまがって はじめのかどを左にまがると、ぞうがいます。

ア（　）とちゅうにトイレがあるかどうかが分かりにくい。

イ（　）「しばらく行ったら」では、どこでまがるのか分かりにくい。

ウ（　）「はじめのかど」では、どこでまがるのか分かりにくい。

(2) どうぶつ園の入り口から ぞうのいるばしょまで あんないするとき、あいてにつたえると よいことに、二つ○をつけましょう。 30点（一つ15）

ア（　）入り口を入ってすぐにトイレがあること。

イ（　）池をすぎたら、すぐに右にまがること。

ウ（　）キリンのいるところをすぎたら、すぐに左にまがること。

エ（　）一つ目のかどを右にまがると、ライオンがいること。

教科書 上116〜122ページ

うらのページにつづくよ！

2 □にあうかん字を書きましょう。

30点（一つ5）

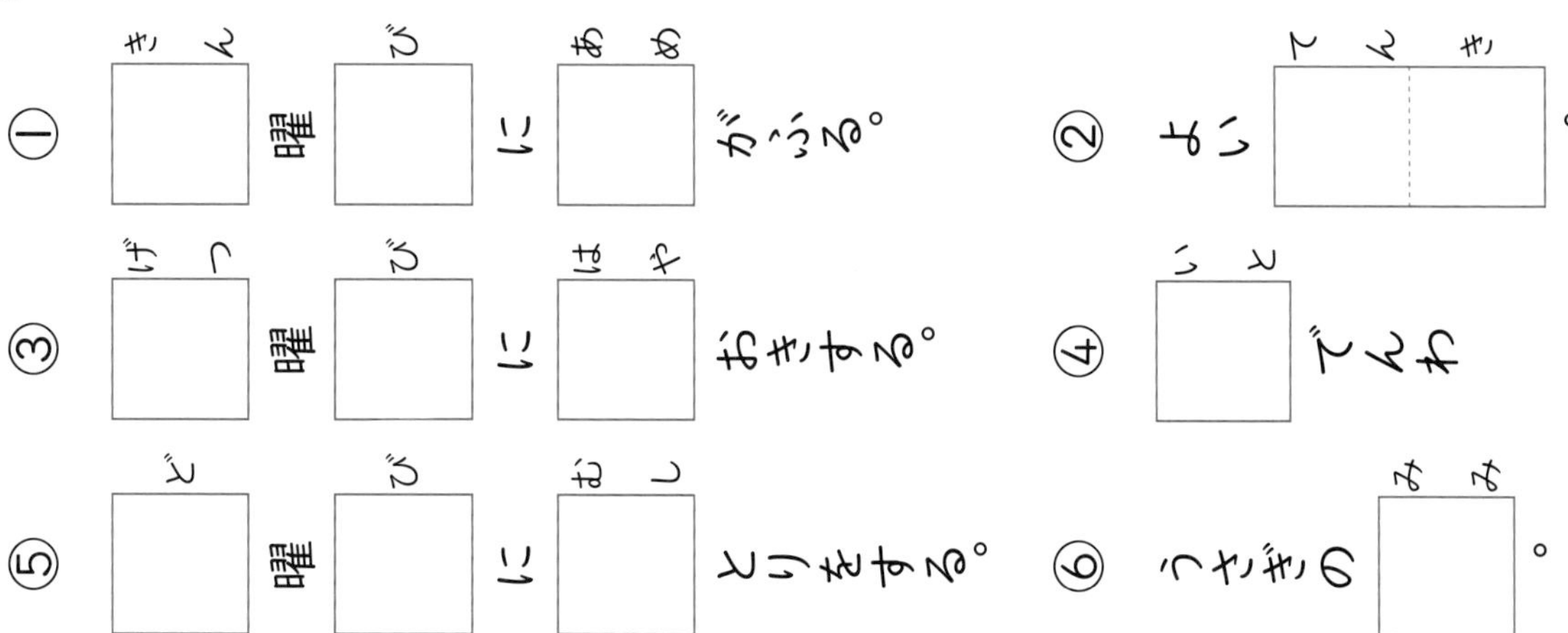

① □（きん）曜□（び）に□（あめ）がふる。

② よい□□（てんき）。

③ □（げつ）曜□（び）に□（はや）おきする。

④ □（いと）でんわ

⑤ □（ど）曜□（び）に□（むし）とりをする。

⑥ うさぎの□（みみ）。

◉ことばでみちあんない

3 つぎの文しょうを読んで、もんだいにこたえましょう。

　学校からわたしの家までのみちじゅんを、あんないします。

　学校の前のみちを左にすすみ、二つ目のかどを右にまがります。このかどには、クリーニングやさんがあるので、目じるしにしてください。

　右にまがったら、五分くらいまっすぐすすみます。すると、左がわに「フラワー金子（かねこ）」という花やさんがあります。この花やさんがある十字ろを左にまがります。このかどから三けん目の、赤いやねの家が、わたしの家です。

(1) このみちあんないのしかたの、分かりやすいところはどこですか。あうものに二つ○をつけましょう。

20点（一つ10）

ア（　　）家から学校までのみちじゅんを　言っているところ。

イ（　　）目じるしになるたてものを　はっきり言っているところ。

ウ（　　）花やさんのようすをくわしく話しているところ。

エ（　　）通るみちのじゅんにせつめいしているところ。

ヒント　3(1)　みちじゅんをそうぞうしながら読み、分かりやすいところを考えよう。

どうぶつ園のじゅうい かたかなのひろば

時間15分　合かく80点　／100

サクッとこたえあわせ　こたえ89ページ

月　日

◉どうぶつ園のじゅうい

1 ――線のかん字の読みがなを書きましょう。 24点（一つ3）

①朝（　　）　②顔（　　）　③毎日（　　）　④当てる（　　）

⑤その間（　　）　⑥お昼（　　）　⑦半分（　　）　⑧電話（　　）

◉かたかなのひろば

2 つぎのことばをつかって、みじかい文をつくりましょう。 12点

〈れい〉リレー　バトン→　リレーのバトンを、おとしてしまう。

シャワー　プール

（　　　　　　　　　　）

◉どうぶつ園のじゅうい

3 つぎの文につづく文としてあうものに、○をつけましょう。 16点（一つ8）

① わたしは、くすりが　にがてです。

ア（　）くすりは　にがいからです。

イ（　）くすりは　にがいです。

ウ（　）くすりは　にがいかもしれません。

② 外であそぶと、手にばいきんが　ついてい

ア（　）けれども、家についたら　手をあらいます。

イ（　）だから、家についたら　手をあらいます。

ウ（　）すると、家についたら　手をあらいます。

教科書 上123～135ページ

うらのページにつづくよ！

4 つぎの文しょうを読んで、もんだいにこたえましょう。

教上 124ページ6行〜125ページ11行

朝、わたしのしごとは、どうぶつ園の中を 見回ることからはじまります。なぜかというと、元気なときの どうぶつのようすを見ておくと、びょうきになったとき、すぐに気づくことが できるからです。また、ふだんから わたしの顔を見せて、なれてもらうという 大切なりゆうもあります。どうぶつたちは、よく知らない人には、いたいところや つらいところをかくします。そこで、わたしの顔を おぼえてもらって、あんしんして 見せてくれるようにするのです。毎日、「おはよう。」と言いながら 家の中へ入り、声もおぼえてもらうように しています。

〈うえだ みや「どうぶつ園のじゅうい」より〉

(1) わたしが、どうぶつ園の中を 見回るのは、なぜですか。つぎから二つえらんで、○をつけましょう。 20点（一つ10）

ア（　　）元気なときの どうぶつのようすを見ておいて、びょうきのときに、すぐ気づけるようにするため。

イ（　　）もともとしぜんの中にいたどうぶつを なぐさめるため。

ウ（　　）どうぶつが てきに おそわれないように、気をつけるため。

エ（　　）顔を見せて、なれてもらうため。

(2) 「あんしんして 見せてくれるようにする」とありますが、なにを見せてくれるようにするのですか。 14点

（　　　　　　　　　　　　　　）

(3) どうぶつになれてもらうために、なにをおぼえてもらうのですか。 14点

（　　　　　　　　　　　　　　）

ヒント 4(2) どうぶつが、なれている人にだけ見せるものだよ。

どうぶつ園のじゅうい

1 つぎの文しょうを読んで、もんだいにこたえましょう。

教 上 128ページ2行〜129ページ9行

お昼すぎには、ワラビーの家に行きました。はぐきがはれているワラビーが見つかったので、きょう、ちりょうをすることになっていたのです。このワラビーは、はが　ぬけかわるときに　ばいきんが入って、はぐきがはれてしまいました。はぐきのちりょうはとてもいたいので、あばれることがあります。三人のしいくいんさんに　おさえてもらって、ちりょうをしました。

夕方、しいくいんさんから　電話がかかってきました。ペンギンが、ボールペンを　のみこんでしまったというのです。ペンギンは、水中で魚をつかまえて、丸ごとのむので、えさとまちがえたのでしょう。いのちにかかわる　たいへんなことです。大いそぎでびょういんにはこびました。そして、そっとボールペンをとり出しました。

〈うえだ　みや「どうぶつ園のじゅうい」より〉

(1) ワラビーは、どこがわるかったのですか。　10点

（　　　　　　）

(2) ワラビーのちりょうでたいへんなこととして、あうものに○をつけましょう。　10点

ア（　）ワラビーがあばれること。

イ（　）ちりょうにじかんがかかること。

ウ（　）ちりょうのとき　ばいきんが入ること。

(3) ひっしゃは、ペンギンがボールペンをのみこんだのは、なぜだと考えましたか。　15点

（　　　　　　）

(4) 大いそぎでペンギンを　どうしましたか。　15点

（　　　　　　）

← うらのページにつづくよ！

教科書 上 123〜134ページ

2 つぎの文しょうを読んで、もんだいにこたえましょう。

教上 130ページ1行～131ページ5行

一日のしごとのおわりには、きょうあったできごとや、どうぶつを見て　気がついたことを、日記に書きます。毎日、きろくをしておくと、つぎに同じような　びょうきやけががあったとき、よりよいちりょうをすることができるのです。

どうぶつ園を出る前には、かならずおふろに入ります。どうぶつの体には、人間のびょうきのもとになるものが　ついていることがあります。だから、どうぶつにさわった後は、それを　どうぶつ園の外に　もち出さないために、おふろで　体をあらわなければいけないのです。

これで、ようやく　長い一日がおわります。

〈うえだ　みや「どうぶつ園のじゅうい」より〉

(1) 「日記」は、いつ書きますか。 10点

（　　　　）

(2) 「日記」には、どのようなことを書きますか。二つ書きましょう。 20点（一つ10）

（　　　　）

（　　　　）

(3) 「日記」は、どのようなときに、やくに立ちますか。あうものに○をつけましょう。 10点

ア（　）その日一日の、つかれをとりのぞきたいとき。

イ（　）どうぶつを見て、そのとくちょうを知りたいとき。

ウ（　）同じような　びょうきのどうぶつを　ちりょうするとき。

(4) 「どうぶつ園を出る前には、かならずおふろに入ります。」とありますが、なぜですか。あうものに○をつけましょう。 10点

ア（　）からだから　どうぶつのにおいを　けすため。

イ（　）どうぶつ園にくる　おきゃくさんに会うため。

ウ（　）人間の　びょうきのもとに　なるものを　もち出さないため。

ヒント 2(2) 「どのようなこと」ときかれたら、どうこたえたらいいかな。

きほんのドリル 21.

ことばあそびをしよう
なかまのことばとかん字
かん字のひろば③

◉ことばあそびをしよう

1 ――線のかん字の読みがなを書きましょう。 6点(一つ2)

① 海で 楽しむ。（　　）

② 本に 親しむ。（　　）

③ 数え歌（　　）

◉なかまのことばとかん字

2 つぎのかん字の読みがなを書きましょう。 27点(一つ3)

① 父（　　）　② 母（　　）　③ 兄（　　）

④ 弟（　　）　⑤ 午前（　　）　⑥ 正午（　　）

⑦ 夜（　　）　⑧ 音楽（　　）　⑨ 図工（　　）

◉かん字のひろば③

3 つぎのことばをつかって、みじかい文をつくりましょう。 12点(一つ6)

〈れい〉花　見つける→　きれいな　花を　見つける。

① 一年生　立つ

（　　　　　　　　　　）

② 石　大きい

（　　　　　　　　　　）

←うらのページにつづくよ!

◉なかまのことばとかん字

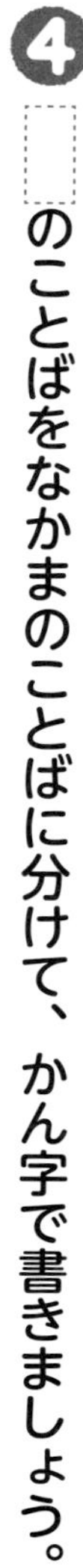

4 □のことばをなかまのことばに分けて、かん字で書きましょう。

20点（一つ10）

① 色（　　　　）

② 教科（　　　　）

こくご・くろ・きいろ・あお・せいかつ・あか・さんすう・しろ

◉かん字の　ひろば③

5 □にあうかん字を書きましょう。

15点（一つ5）

① □（て）をあらう。

② □（はな）がさく。

③ □（み）つける

◉ことばあそびをしよう

6 つぎの詩（し）を読んで、もんだいにこたえましょう。

教上136ページ

ことこ

たにかわ　しゅんたろう

このこのこのこ
どこのこのこのこ
このこのこののこ
たけのこきれぬ

そのこのそのそ
そこのけそのこ
そのこのそのおの
きのこもきれぬ

〈たにかわ　しゅんたろう「ことばあそび歌」より〉

(1) 詩の中から、あるくようすをあらわすことばを、二つ書きぬきましょう。

10点（一つ5）

（　　　　）（　　　　）

(2) 三行目のさいごの「のこ」とはなにのことですか。四字で書きましょう。

10点

□□□□

ヒント　6(2)「のこ」の後に「たけのこきれぬ」と書いてあるよ。

きほんのドリル 22.

お手紙　主語と述語に　気をつけよう

時間 15分　合かく80点　／100

サクッとこたえあわせ　こたえ 90ページ

月　日

◉お手紙／主語と述語に　気をつけよう

1 ――線のかん字の読みがなを書きましょう。　24点（一つ3）

①（　　）何もない。
②（　　）帰る
③（　　）自分
④（　　）知り合い
⑤（　　）当番
⑥（　　）画用紙
⑦（　　）明るい
⑧（　　）今週

◉お手紙

2 ――線のことばのいみとして、合うものに○をつけましょう。　10点（一つ5）

① ゆうびんうけは、空っぽだった。
ア（　）何も入っていないこと。
イ（　）すこしだけ入っていること。
ウ（　）たくさん入っていること。

② ひょっとして、手紙が来るかもしれない。
ア（　）うれしいことに。
イ（　）手ちがいで。
ウ（　）もしかしたら。

「ひょっとすると」とも言うよ。

◉主語と述語に　気をつけよう

3 つぎの文の、主語には――を、述語には〰〰をつけましょう。　18点（一つ3）

① にわに、花が　さく。
② この　おかしは、とても　あまい。
③ ぼくの　父は、中学校の　先生だ。

教科書 下13～30ページ

うらのページにつづくよ！

4 つぎの文しょうを読んで、もんだいにこたえましょう。

教下14ページ4行〜16ページ7行

「どうしたんだい、がまがえるくん。きみ、かなしそうだね。」

「うん、そうなんだ。」

がまくんが言いました。

「今、一日のうちの　かなしい時なんだ。つまり、お手紙をまつ時間なんだ。そうなると、いつもぼく、とても　ふしあわせな気もちに　なるんだよ。」

「そりゃ、どういうわけ。」

かえるくんがたずねました。

「だって、ぼく、お手紙もらったこと　ないんだもの。」

がまくんが言いました。

「いちどもかい。」

かえるくんがたずねました。

「ああ。いちども。」

がまくんが言いました。

「だれも、ぼくに　お手紙なんかくれたことがないんだ。毎日、ぼくのゆうびんうけは、空っぽさ。お手紙を　まっているときが　かなしいのは、そのためなのさ。」

〈アーノルド＝ローベル　さく／みき　たく　やく「お手紙」より〉

(1) 「どうしたんだい、……かなしそうだね。」は、だれのことばですか。 7点

（　　　）

(2) 「お手紙をまつ時間」に、がまくんは、どんな気もちになりますか。 15点

（　　　）

(3) がまくんは、なぜ、(2)のような気もちになるのですか。 16点

（　　　）

(4) 「ああ。いちども。」は、どんないみですか。合うものに○をつけましょう。 10点

ア（　）手紙をいちど　もらいたい。

イ（　）手紙をいちど　もらった。

ウ（　）手紙をいちども　もらったことがない。

ヒント ４(3)「だって」という　りゆうをあらわすことばに　ちゅういしよう。

まとめのドリル23

お手紙
主語と述語に　気をつけよう

◉主語と述語に　気をつけよう

1 つぎの文の、主語には——を、述語には〜〜をつけましょう。 24点（一つ3）

① えきの　そばに、ビルが　たつ。

② ぼくは、とても　元気だ。

③ この　電車は、七時に　えきに　つく。

④ くまの　ぬいぐるみは　妹の　たからものだ。

◉お手紙

2 つぎの文しょうを読んで、もんだいにこたえましょう。

教 下 16ページ10行〜17ページ9行

　すると、かえるくんが言いました。

「ぼく、もう家へ帰らなくっちゃ、がまくん。しなくちゃいけないことが　あるんだ。」

　かえるくんは、大いそぎで家へ帰りました。えんぴつと紙を見つけました。紙に何か書きました。紙をふうとうに入れました。ふうとうに　こう書きました。

「がまがえるくんへ」

〈アーノルド＝ローベル　さく／みき　たく　やく「お手紙」より〉

(1) 「しなくちゃいけないこと」とは何でしたか。合うものに○をつけましょう。 10点

ア（　）家でゆっくりねること。

イ（　）紙に絵をかいてあそぶこと。

ウ（　）がまくんに手紙を書くこと。

(2) かえるくんは、ふうとうになんと書きましたか。文しょうの中から書きぬきましょう。 10点

（　　　　　　　　　　）

← うらのページにつづくよ！

教科書 下 13〜30ページ

3 つぎの文しょうを読んで、もんだいにこたえましょう。

教下 22ページ3行〜24ページ3行

「かえるくん、どうして、きみ、
ずっと まどの外を 見ているの。」

がまくんがたずねました。

「だって、今、ぼく、お手紙を
まっているんだもの。」

かえるくんが言いました。

「でも、来やしないよ。」

がまくんが言いました。

「きっと来るよ。」

かえるくんが言いました。

「だって、ぼくが、きみに お手
紙出したんだもの。」

「きみが。」

がまくんが言いました。

「お手紙に、なんて書いたの。」

かえるくんが言いました。

「ぼくは、こう書いたんだ。

『親愛なる がまがえるくん。ぼ
くは、きみが ぼくの親友であ
る ことを、うれしく思ってい
ます。きみの親友、かえる。』」

「ああ。」

がまくんが言いました。

「とても いいお手紙だ。」

〈アーノルド＝ローベル さく／みき たく やく「お手紙」より〉

(1) 「きっと来るよ。」とありますが、

① 何が来るのですか。 10点

(　　　　)

② かえるくんが、こう言ったのは、なぜですか。 15点

(　　　　)

(2) かえるくんの手紙の中で、いちばん言いたいことを書いた文の、はじめの五字を書きぬきましょう。 15点

(3) 「とても いいお手紙だ。」と言ったときの がまくんの気もちに合うものに、二つ○をつけましょう。 16点(一つ8)

ア(　)うれしい。

イ(　)かなしい。

ウ(　)さびしい。

エ(　)しあわせだ。

オ(　)はらがたつ。

ヒント 3(3) 親友のかえるくんからお手紙をもらった がまくんの気もちを考えよう。

きほんのドリル 24。

かん字の読み方
きせつのことば3 秋がいっぱい
そうだんにのってください

時間 15分　合かく80点　／100

サクッとこたえあわせ　こたえ 91ページ

月　日

◉かん字の読み方／そうだんにのってください

1 ――線のかん字の読みがなを書きましょう。　27点（一つ3）

① 東京（　）へ行く。　② さか道（　）　③ 野原（　）をはしる。

④ お米（　）をとぐ。　⑤ 古（　）いたてもの。　⑥ お寺（　）のかね。

⑦ バスが止（　）まる。　⑧ パンを作（　）る。　⑨ 理（　）由（ゆう）を話す。

◉きせつのことば3　秋がいっぱい

2 つぎのことばの中から、秋らしくないものを四つえらんで、○をつけましょう。　12点（一つ3）

ア（　）かき　イ（　）すいか　ウ（　）いちょう

エ（　）すすき　オ（　）せみ　カ（　）こおろぎ

キ（　）かぶと虫　ク（　）コスモス　ケ（　）さくら

◉そうだんにのってください

3 グループで話し合うときに気をつけることとして、合うものをつぎから三つえらんで、○をつけましょう。　15点（一つ5）

ア（　）さいごに、わだいをたしかめる。

イ（　）はじめに、わだいをたしかめる。

ウ（　）考えたことを、すすんで話す。

エ（　）何かきかれても、だまっている。

オ（　）ほかの人の話を、さいごまで聞いてから話す。

カ（　）ほかの人が話していても、思いついたらすぐに話す。

どうすれば、話し合いがうまくいくかな。

うらのページにつづくよ！

◉かん字の読み方

4 ——線を、かん字とおくりがなで書きましょう。

36点（一つ4）

①
ア　にもつをつみあげる。（　　）
イ　二かいにのぼる。（　　）

②
ア　家の中にはいる。（　　）
イ　かばんにいれる。（　　）

③
ア　妹がうまれる。（　　）
イ　草がはえる。（　　）

④
ア　頭をさげる。（　　）
イ　かいだんをおりる。（　　）
ウ　さか道をくだる。（　　）

◉きせつのことば3　秋がいっぱい

5 つぎの詩を読んで、もんだいにこたえましょう。

教下35ページ

やま　　かんざわ　としこ

ゆうべの　あめが
すっきり　はれて
やまは　ごきげん
あかい　きいろい
もみじきて
くもを　だっこして
すわってる

(1) この詩に出てくる「やま」は、どのきせつのやまですか。かん字一字で書きましょう。　5点

□

(2) (1)のきせつは、詩の何行目から分かりますか。数字で書きましょう。　りょうほうできて5点

□～□行目

ヒント　5 「やま」は何をきているかな。

きほんのドリル 25。 紙コップ花火の作り方／おもちゃの作り方をせつめいしよう

◉紙コップ花火の作り方

1 ――線のかん字の読みがなを書きましょう。 20点（一つ5）

①（　　）細い　②（　　）少しある。　③（　　）長方形　④（　　）谷おり

2 ――線のことばのいみとして、合うものに○をつけましょう。 20点（一つ10）

① こまかいところまで　よくくふうして作る。

ア（　）よいやり方を、いろいろと考えながらすること。
イ（　）とくいな人に、手つだってもらうこと。
ウ（　）何回もくりかえして、れんしゅうをすること。

② そうじのやり方を、せつめいする。

ア（　）分からないところを、たずねること。
イ（　）大切なことはかくして、話すこと。
ウ（　）よく分かるように、話をすること。

◉おもちゃの作り方をせつめいしよう

3 つぎの文しょうは、まつぼっくりをつかったけん玉の作り方を、とちゅうまでせつめいしたものです。ここまでで、けん玉はどうなっていますか。合うものに、○をつけましょう。 10点

教 下 50ページ8行〜11行

　まず、毛糸のはしを、まつぼっくりにまきつけます。そして、とれないように、きつくむすびます。
　つぎに、毛糸のはんたいがわのはしを、ガムテープで、紙コップのそこにつけます。

〈しもだ　かほ「けん玉の作り方」より〉

ア（　）
イ（　）
ウ（　）

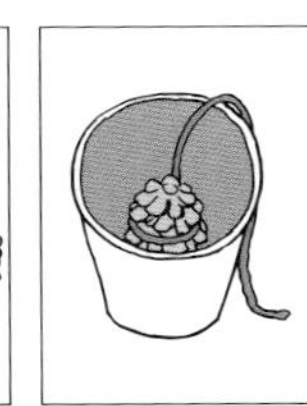

← うらのページにつづくよ！

4 文しょうを読み、教科書のしゃしんを見て、もんだいにこたえましょう。

教 下 43ページ8行〜44ページ12行

　まず、花火のぶぶんになる　紙をじゅんびします。紙をよこむきにおいて、色えんぴつで、いろいろな線やもようを　かきましょう。たくさんの色をつかうと、きれいな花火になります。かきおわったら、紙を半分に切り分けましょう。

　つぎに、花火のぶぶんを作ります。半分に切った紙を、一センチメートルのはばで、手前からおります。このとき、谷おり、山おりのじゅんに、くりかえしておりましょう。はばが細すぎると、花火がうまくひらかないので、気をつけましょう。さいごまでおると、細い長方形になります。それを、長さが半分になるように　おります。かさなるところを、のりでつけて、しゃしん④のような形にしましょう。もう一まいの紙も、同じ形にします。二つできたら、わりばしの　太いほうの先に、のりでつけます。わりばしをはさむようにして、つけましょう。

〈まるばやし　さわこ「紙コップ花火の作り方」より〉

(1) じゅんじょをあらわすことばを、文しょうの中から二つ書きぬきましょう。　10点(一つ5)

(　　　)(　　　)

(2) きれいな花火を作るには、色えんぴつで紙に線やもようをかくときに、何をつかうとよいですか。　10点

(　　　)

(3) 紙は、どんなじゅんばんでおりますか。　10点(一つ5)

□おり→□おり

(4) 紙をさいごまでおると、どんな形になりますか。　10点

□□□□□

(5) しゃしん④の形にしたものを、わりばしのどこに、どのようにつけますか。　10点(一つ5)

(　　　)に、

わりばしを(　　　)ようにつける。

ヒント 4(5) しゃしん④の形にしたもの二つを、のりでつけるよ。

まとめのドリル 26

紙コップ花火の作り方
おもちゃの作り方をせつめいしよう

時間 20分
合かく80点
/100

サクッと こたえあわせ
こたえ 91ページ

月　日

◉紙コップ花火の作り方

1 つぎの文しょうを読んで、もんだいにこたえましょう。

教 下 45ページ1行～12行

　それから、花火のぶぶんを、紙コップに入れます。紙コップをさかさまにおき、まん中にえんぴつをさして、あなを空けます。そのあなに、わりばしの細いほうを、紙コップの内がわからさしこみます。

　さいごに、花火のぶぶんと紙コップを　くっつけます。セロハンテープで、花火のぶぶんのはしを　紙コップの外がわにとめます。はしの一まいだけを　とめるようにしましょう。

　これで、紙コップ花火のできあがりです。

〈楽しみ方〉

　紙コップをもって、わりばしを上におすと、花火がひらき、下に引くと、花火がとじます。

〈まるばやし　さわこ「紙コップ花火の作り方」より〉

(1)　紙コップのそこの、どこにあなを空けますか。　10点

（　　　　　　　　　　）

(2)　紙コップのどこから、わりばしをさしこみますか。　10点

（　　　　　　　　　　）

(3)　花火のぶぶんと紙コップをとめるとき、どうしますか。合うものに○をつけましょう。　10点

ア（　）花火のぶぶんの　はしの一まいだけをとめる。

イ（　）花火のぶぶんのまん中をとめる。

ウ（　）紙コップの内がわにとめる。

(4)　花火をひらくには、どうしますか。　15点

（　　　　　　　　　　）

うらのページにつづくよ！

教科書 下 41～51ページ

2 つぎの文しょうを読んで、もんだいにこたえましょう。

教下50ページ7行～51ページ3行

〈作り方〉

まず、毛糸のはしを、まつぼっくりにまきつけます。そして、とれないように、きつくむすびます。

つぎに、毛糸のはんたいがわのはしを、ガムテープで、紙コップのそこにつけます。

それから、その毛糸をはさむようにして、もう一つの紙コップをのせます。コップのそことそこをぴったり合わせて、ガムテープでしっかりとめます。

紙コップに、カラーペンできれいなもようをつけて、できあがりです。

〈あそび方〉

二つの紙コップに、じゅんばんにまつぼっくりを入れてあそびます。何回つづけてできるか、数えると楽しいですよ。

〈しもだ かほ「けん玉の作り方」より〉

(1) じゅんじょをあらわすことばを、四つ書きぬきましょう。 20点（一つ5）

（　　　）（　　　）
（　　　）（　　　）

(2) 毛糸を「きつく」むすぶのは、まつぼっくりをどうするためですか。 10点

（　　　）

(3) さいごのしあげに、紙コップに何をしますか。合うものに○をつけましょう。 10点

ア（　）そことそこをぴったり合わせる。

イ（　）きれいなもようをつける。

ウ（　）ガムテープでしっかりとめる。

(4) 紙コップに、じゅんばんにまつぼっくりを入れてあそぶとき、どのようにすると楽しいですか。 15点

（　　　）

ヒント 2(2) 「どうするため」ときかれたら、「～するため。」とこたえよう。

にたいみのことば、はんたいのいみのことば　せかい一の話／かん字のひろば④

月　日

◉にたいみのことば、はんたいのいみのことば

1 ——線のかん字の読みがなを書きましょう。　12点（一つ4）

①（　　）黒板（ばん）に書く。

②（　　）新聞を読む。

③（　　）人が少ない。

2 ——線のことばと、にたいみのことばに○をつけましょう。　15点（一つ5）

① 校ていにすわる。
- ア（　）はしる
- イ（　）しゃがむ
- ウ（　）立つ

② コップに水を入れる。
- ア（　）カップ
- イ（　）おさら
- ウ（　）スプーン

③ 理由（ゆう）を話す。
- ア（　）せつめい
- イ（　）わけ
- ウ（　）くわしい

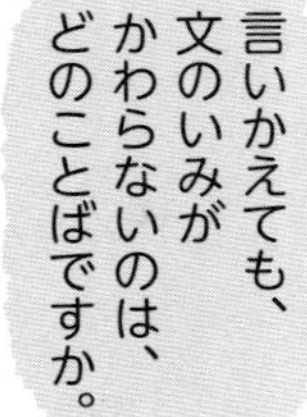

3 つぎのことばと、はんたいのいみのことばに○をつけましょう。　15点（一つ5）

① おわり
- ア（　）はじまり
- イ（　）さいご
- ウ（　）つづき

② まける
- ア（　）おいかける
- イ（　）よわい
- ウ（　）かつ

③ 新しい
- ア（　）古い
- イ（　）きれいだ
- ウ（　）くらい

←うらのページにつづくよ！

教科書 下52～56ページ

4 ――線のことばと、にたいみのことばを□からえらんで書きましょう。

20点(一つ5)

① くつのひもをしばる。（　　　）

② まっすぐな道。（　　　）

③ にっこりわらう。（　　　）

④ おかあさんが弟をしかる。（　　　）

どうろ　おこる　むすぶ　ほほえむ

5 つぎの「ぬぐ」と　はんたいのいみになるように、（　）に合うことばを□からえらんで、記ごうを書きましょう。

20点(一つ4)

① ぼうしを　ぬぐ。 ⟷ ぼうしを（　　）。

② シャツを　ぬぐ。 ⟷ シャツを（　　）。

③ ズボンを　ぬぐ。 ⟷ ズボンを（　　）。

④ くつ下を　ぬぐ。 ⟷ くつ下を（　　）。

⑤ くつを　ぬぐ。 ⟷ くつを（　　）。

ア　きる　　イ　かぶる　　ウ　はく

はんたいのいみのことばは、一つだけとはかぎらないよ。

◉かん字のひろば④

6 □に合うかん字を書きましょう。

18点(一つ6)

① □□□（ひゃくえんだま）をもらう。

② □□（せんえん）さつ

③ □□（はちにん）の子ども。

ヒント ⑤ 体の下のほうにつけるものは、同じことばだよ。

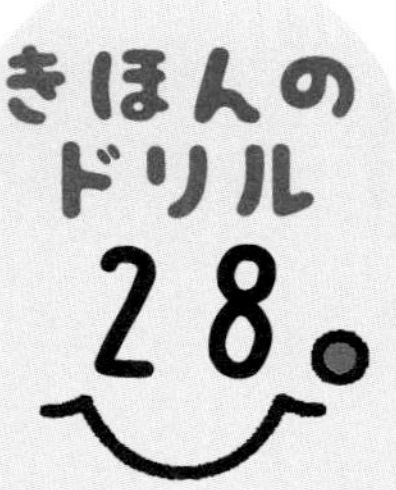
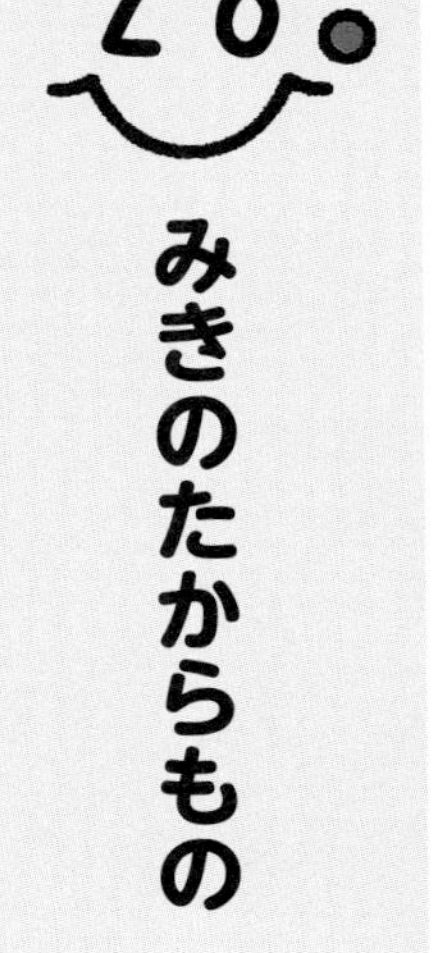

きほんのドリル 28. みきのたからもの

時間 15分
合かく80点 ／100
こたえ 92ページ
サクッとこたえあわせ
月　日

1 ——線のかん字の読みがなを書きましょう。 20点（一つ5）

① 首（　）をかしげる。

② からすが 鳴（　）く。

③ 一生（　）けんめい

④ 心（　）の中で考える。

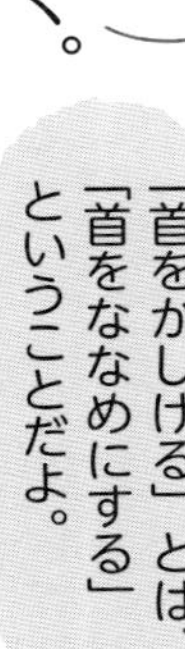

2 つぎの——線のことばのいみとして、合うものに○をつけましょう。 40点（一つ10）

① うんどう会で一番になったぼくに、みんな目を丸くする。

ア（　）おこって、目がつり上がること。
イ（　）えがおになり、目のはしが下がること。
ウ（　）おどろいて、目を大きく見ひらくこと。

② はっぴょう会は、いつもきんちょうする。

ア（　）心がどきどきして、ひきしまること。
イ（　）うきうきして、楽しい気分になること。
ウ（　）つらく、かなしい気もちになること。

③ 花だんに、色あざやかな花がさいている。

ア（　）ぼんやりして、はっきりしないようす。
イ（　）はっきりしていて、目立つようす。
ウ（　）きらきらと、かがやいているようす。

④ 遠くから、かすかに虫の鳴き声が聞こえる。

ア（　）たしかで、分かりやすいようす。
イ（　）くらく、分かりにくいようす。
ウ（　）わずかにそれと分かるようす。

教科書 下57～73ページ

うらのページにつづくよ！

3 つぎの文しょうを読んで、もんだいにこたえましょう。

教 下 61ページ11行～63ページ2行

「いいこと考えた。」
みきは、ポケットから、一本のリボンを　するするととり出しました。あざやかなオレンジ色のリボンです。

「のりものの後ろに、このリボンをむすびつけて。」
と、みきはリボンをわたしました。

「どうしてですか。」
と、ナニヌネノンは首をかしげました。

「これから、空へむかってとぶでしょう。そうしたら、きっと、つけたリボンがひらひらするでしょう。リボンが見えなくなるまで、ここで見おくりたいの。」

「ああ、ありがとう。」
と、ナニヌネノンはうれしそうに言いました。

「だれかに、見おくってもらうなんて、はじめてです。だから、うれしいです。」

〈はちかい　みみ「みきのたからもの」より〉

(1) みきがとり出したリボンは、何色でしたか。 5点

（　　　　　　　　　　）

(2) みきは、リボンをどこにむすびつけるよう言いましたか。七字で書きましょう。 10点

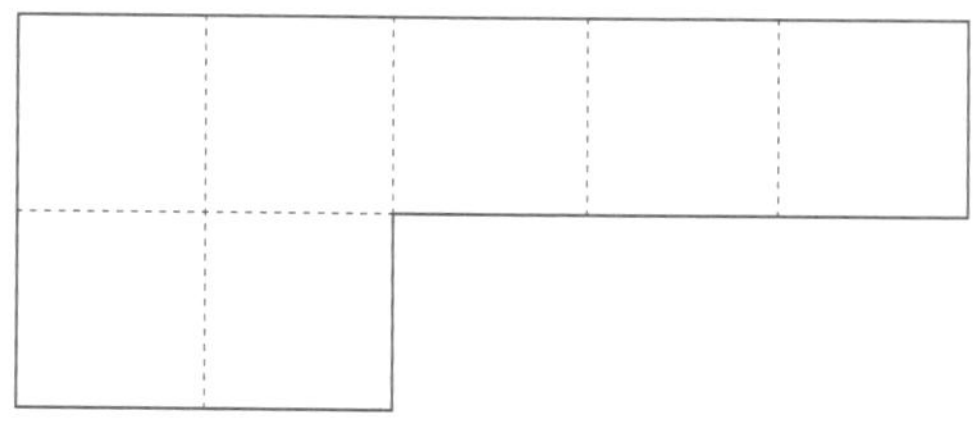

(3) みきがリボンをわたしたとき、ナニヌネノンはどんなようすでしたか。 10点

首を（　　　　　　　　　　）。

(4) のりものが空をとんだとき、リボンはどんなふうになると、みきは言っていますか。 5点

（　　　　　　　　　　）

(5) 「うれしそうに言いました。」とありますが、ナニヌネノンは、なぜうれしかったのですか。 10点

（　　　　　　　　　　）

ヒント 3(5) 「だから、うれしいです。」の前の文を読もう。

きほんのドリル 29 お話のさくしゃになろう きせつのことば4 冬がいっぱい

◉きせつのことば4　冬がいっぱい

1 ——線のかん字の読みがなを書きましょう。 5点

① 冬（　　）休みが楽しみだ。

◉お話のさくしゃになろう

2 組み立てを考えて、お話を書くとき、気をつけることとして合うものに、すべて○をつけましょう。 ぜんぶできて15点

ア（　）だれが（主語）、何をしたか（述語）は、あまり気にしなくてよい。

イ（　）「はじめ」「中」「おわり」のまとまりに分けて考える。

ウ（　）むかし話など、知っているお話の書きだしをまねしてはいけない。

エ（　）じんぶつが話したことばを、かぎ（「　」）をつかって書く。

◉きせつのことば4　冬がいっぱい

3 つぎの［　］の中から、冬のものを三つえらんで書きましょう。 30点（一つ10）

もんしろちょう	くり
さくら	つばき
コスモス	ひまわり
すすき	すいか
みかん	すず虫
トマト	はくちょう

（　　　　）
（　　　　）
（　　　　）

うらのページにつづくよ！

教科書 下74～81ページ

4 ——線のことばのいみとして、合うものに〇をつけましょう。 30点(一つ10)

① 友だちの耳もとでささやく。

ア(　　)大きな声で話す。

イ(　　)小さな声で話す。

ウ(　　)はっきりと話す。

② 何があったのかとたずねる。

ア(　　)分からないことを人にきく。

イ(　　)だれかの家にあそびに行く。

ウ(　　)なくしたものをさがしもとめる。

③ 休んでいた友だちに、あしたのもちものをつたえる。

ア(　　)聞いてきたことを、べつの人に知らせる。

イ(　　)あるばしょから、べつのばしょにうつす。

ウ(　　)何十年も後までのこるようにする。

5 つぎの文しょうを読んで、もんだいにこたえましょう。

　ぼくは、ピッピ。くまの子ども。森でいちばん大きな木のねもとの、ほらあなの中でくらしている。

　ある日、ぼくはおかあさんとどんぐりをひろいに出かけた。

　いつもより　とおくまで行くから、はぐれてはいけないよ。

と、おかあさんに言われたのに、まいごになってしまったんだ。

　でも、友だちのきつねのチッチが、ぼくをあんないしてくれた。

(1) この文しょうには、会話が一つあります。かぎ(「　」)をつけましょう。 10点

(2) この文しょうのとくちょうとして、合うものに〇をつけましょう。 10点

ア(　　)じんぶつが話しているように書いている。

イ(　　)むかし話のような話し方で書いている。

ウ(　　)ピッピがくまだと分からないように、書いている。

ヒント 5(1) 会話の後には「…と言う」などのことばがあるよ。

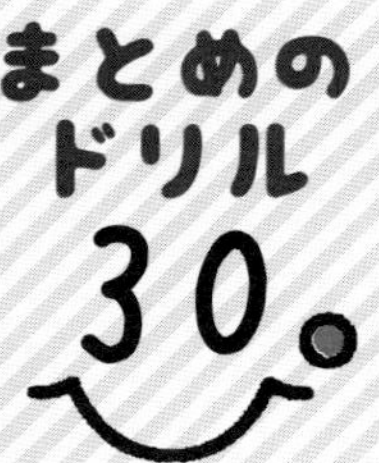

まとめのドリル30 みきのたからもの　お話のさくしゃになろう　きせつのことば4　冬がいっぱい

◉お話のさくしゃになろう

1 上と下のことばがつながるように、――でむすびましょう。 20点(一つ5)

① おどろいて、大きな声で　・　　・ア たずねる。
② えきまでどうやって行くのかと　・　　・イ こたえる。
③ けいさんのやり方を弟に　・　　・ウ 教える。
④ 聞かれたことに、すなおに　・　　・エ さけぶ。

◉きせつのことば4　冬がいっぱい

2 つぎの詩を読んで、もんだいにこたえましょう。

教 下 81ページ

ゆき

ゆきや　こんこ
あられや　こんこ
ふっては　ふっては
ずんずん　つもる
やまも　のはらも
わたぼうし　かぶり
かれき　のこらず
はなが　さく

〈文部省唱歌〉

(1) 「ずんずん　つもる」とありますが、どこにつもっていますか。二つ書きぬきましょう。 20点(一つ10)

(　　　　　　　　)
(　　　　　　　　)

(2) 「かれき　のこらず　はなが　さく」とありますが、どういうようすをあらわしていますか。合うものに○をつけましょう。 15点

ア(　　)さむさにまけず、かれきに花がさいたようす。
イ(　　)雪の下で、春をまって花がさこうとしているようす。
ウ(　　)かれきに、花のように雪がつもっているようす。

うらのページにつづくよ！

3 つぎの文しょうを読んで、もんだいにこたえましょう。

教 下 66ページ8行〜68ページ7行

「さようなら。またいつか。」と、ナニヌネノンも言いました。

そして、マヨネーズのようきみたいな形の　のりものに、するりとのりこみました。

みきは、なんども手をふりました。ナニヌネノンも、のりものの中から　手をふりました。

グイーン、と音を立てて、のりものは、空高くとんでいきました。そして、ぐんぐんと　空にすいこまれていったのです。

みきは、ひらひらとうごくリボンを、目でおいかけました。見うしなわないように、一生けんめい見つめました。リボンは、だんだん見えなくなりました。

もらった小さな石を、ぎゅっとにぎったまま、みきは、ナニヌネノンが　きえていった空を　見上げていました。

夕方のからすが、カア、カア、と鳴きながら、とんでいきました。

〈はちかい　みみ「みきのたからもの」より〉

(1) ナニヌネノンがのったのりものは、どんな形でしたか。　10点

(　　　　)

(2) 「なんども手をふりました。」とありますが、このときのみきの気もちとして合うものに、○をつけましょう。　10点

ア（　）ひらひらとうごくリボンを見て、楽しい気もち。

イ（　）ナニヌネノンとのわかれが、さびしい気もち。

ウ（　）のりものがとんでいくようすを見て、ふしぎな気もち。

(3) 一日のいつごろの話ですか。二字で書きぬきましょう。　10点

□□

(4) みきが、小さな石を「ぎゅっとにぎった」のは、なぜですか。　15点

(　　　　)

ヒント 3(4)「ぎゅっとにぎる」のは、どんな気もちからかな。

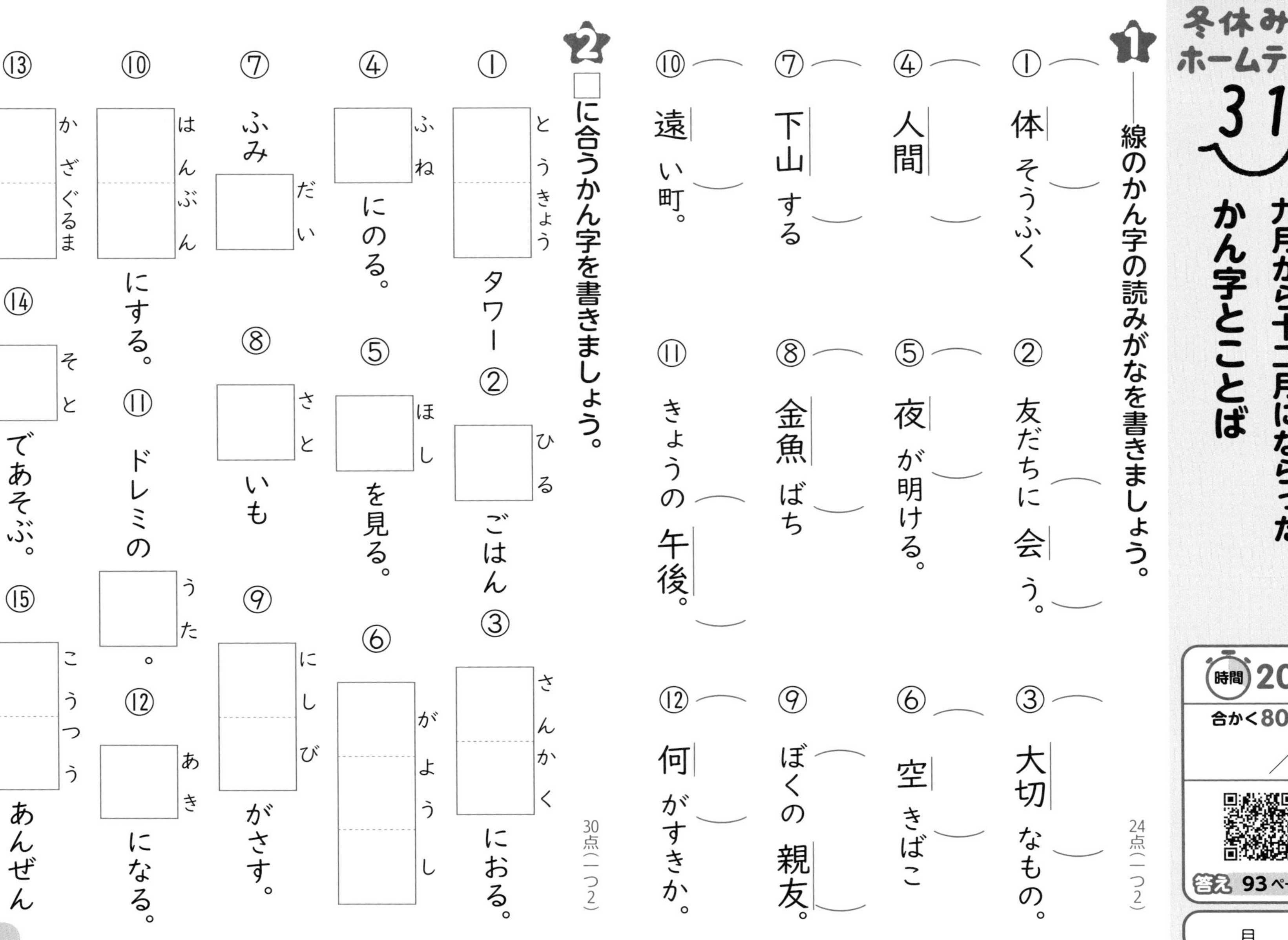

冬休みのホームテスト 31。

九月から十二月にならった かん字とことば

時間 20分　合かく80点　/100

サクッとこたえあわせ　答え 93ページ

月　日

1 ——線のかん字の読みがなを書きましょう。 24点（一つ2）

① 体そうふく（　）
② 友だちに会う。（　）
③ 大切なもの。（　）
④ 人間（　）
⑤ 夜が明ける。（　）
⑥ 空きばこ（　）
⑦ 下山する（　）
⑧ 金魚ばち（　）
⑨ ぼくの親友。（　）
⑩ 遠い町。（　）
⑪ きょうの午後。（　）
⑫ 何がすきか。（　）

2 □に合うかん字を書きましょう。 30点（一つ2）

① □□（とうきょう）タワー
② □（ひる）ごはん
③ □□（さんかく）におる。
④ □（ふね）にのる。
⑤ □（ほし）を見る。
⑥ □□□（がようし）
⑦ ふみ□（だい）
⑧ □（さと）いも
⑨ □□（にしび）がさす。
⑩ □□（はんぶん）にする。
⑪ ドレミの□（うた）。
⑫ □（あき）になる。
⑬ □□（かざぐるま）
⑭ □（そと）であそぶ。
⑮ □□（こうつう）あんぜん

うらのページにつづくよ！

3 つぎの——線のかん字の読みがなを書きましょう。 24点（一つ2）

① ア インド人（　　） イ 三人（　　）
② ア 回数（　　） イ 回る（　　）
③ ア 作る（　　） イ 工作（　　）
④ ア 時間（　　） イ その時。（　　）
⑤ ア 図書（　　） イ 図工（　　）
⑥ ア 後ろ（　　） イ 前と後。（　　）

4 つぎの文の主語（しゅご）と述語（じゅつご）を書きましょう。 16点（一つ4）

① まりこさんは、たかしくんと　いっしょに　本を　読んだ。
ア 主語（　　） イ 述語（　　）

② わたしは、先生に　きのうの　ことを　話した。
ア 主語（　　） イ 述語（　　）

5 ——線のことばと、はんたいのいみのことばを書きましょう。 6点（一つ2）

① きょうはおやつが多い。（　　）
② 木のベンチにすわる。（　　）
③ 細いえだをおる。（　　）

ねこのこ　おとのはなびら

◎おとのはなびら

1 つぎの詩を読んで、もんだいにこたえましょう。

教 下 82ページ

おとのはなびら

のろ　さかん

ピアノのおとに　いろがついたら
ポロン　ピアノが　なるたびに
ポロン　ピアノが　なるたびに
おとのはなびら　へやにあふれて
　　　　　　　　にわにあふれて
おとのかだんを　つくるかしら

(1) 何の音について書かれていますか。 10点

(　　　　)

(2) 「おとのはなびら」は、どこにあふれますか。二つ書きぬきましょう。 20点(一つ10)

(　　　　)

(　　　　)

(3) 「おとのはなびら」は、どんなものですか。合うものに○をつけましょう。 10点

ア(　　)ピアノの音に色がついたもの。

イ(　　)花びらがちるときの音。

ウ(　　)ピアノが鳴るたびに、こぼれる花びら。

(4) この詩のさくしゃは、「おとのはなびら」が、何を作ると考えていますか。 10点

(　　　　)

教科書 下82ページ

うらのページにつづくよ！

❷ つぎの詩を読んで、もんだいにこたえましょう。

教下82ページ

ねこのこ

おおくぼ　ていこ

あくび　ゆうゆう
あまえて　ごろごろ
たまご　ころころ
けいと　もしゃもしゃ
かくれても　ちりん
しかられて　しゅん
よばれて　つん
ミルクで　にゃん

(1) ねこのこがあまえて出す声はどんな声ですか。四字で書きぬきましょう。10点

(2) ねこのこがおもちゃであそんでいるようすが分かるのは何行目ですか。行の番ごうを書きましょう。りょうほうできて10点

□～□行目

(3) ねこのこがかくれるとどうなりますか。合うものに〇をつけましょう。10点

ア（　）ちりんと音を立てて、どこに行ったかわからなくなる。
イ（　）ちりんとすずが鳴るので、見つかってしまう。
ウ（　）ちりんと言って、にげて行ってしまう。

(4) 「よばれて　つん」から、ねこのこのどんなようすが思いうかびますか。合うものに〇をつけましょう。10点

ア（　）かいぬしによばれて、よろこんで近よってくるようす。
イ（　）かいぬしによばれても、つんとして近よってこないようす。
ウ（　）おかあさんにつんつんつつかれて　よばれているようす。

(5) 「ミルクで　にゃん」から、ねこのこのどんなようすが思いうかびますか。合うものに〇をつけましょう。10点

ア（　）ミルクを出すと、よろこんでにゃんと鳴くようす。
イ（　）ミルクをこぼして、びっくりしてにゃんと鳴くようす。
ウ（　）ミルクをたくさんのんでいるようす。

ヒント ❷(1) 詩のはじめのぶぶんに書いてあるよ。

きほんのドリル 33。

かたかなで書くことば　ことばを楽しもう

時間 15分　合かく80点　／100

こたえ 93ページ　サクッとこたえあわせ

月　日

◉かたかなで書くことば

1 ――線のかん字の読みがなを書きましょう。　27点（一つ3）

①（　）雨戸をあける。
②（　）麦茶をのむ。
③（　）新しい土地。
④（　）魚の市場。
⑤（　）かねが鳴る。
⑥（　）外国に行く。
⑦（　）車が通行する。
⑧（　）国の名前。
⑨（　）はつめい家

2 ――線のかたかなのことばは、［　］の中のどのなかまになりますか。記ごうを書きましょう。　24点（一つ4）

① すずめがチュンチュンさえずっている。（　）
② 水をコップに入れてのんだ。（　）
③ 入り口でコンコンと戸をたたく。（　）
④ インドは、あつい国だ。（　）
⑤ おやつにチョコレートをたべる。（　）
⑥ にわとりがコケコッコーと鳴く。（　）

ア　どうぶつの鳴き声
イ　いろいろなものの音
ウ　外国から来たことば
エ　外国の、国や土地、人の名前

ひらがなと かたかなを つかいわけよう。

うらのページにつづくよ！

教科書 下84～86ページ

3 つぎのなかまに当てはまるかたかなのことばを、［　］から二つずつえらんで、記ごうを書きましょう。　16点(一つ2)

① どうぶつの鳴き声　(　　)(　　)
② いろいろなものの音　(　　)(　　)
③ 外国から来たことば　(　　)(　　)
④ 外国の、国や土地、人の名前　(　　)(　　)

ア	アメリカ	イ	マフラー	ウ	エジソン
エ	ワンワン	オ	ニャーオ	カ	チャプチャプ
キ	バス	ク	ガラガラ		

4 つぎのことばをかたかなに直して、みじかい文をつくりましょう。　10点(一つ5)

〈れい〉おむれつ　けちゃっぷ→　オムレツにケチャップをかける。

① れすとらん　　はんばあぐ

(　　　　　　　　　　　　)

② あいすくりいむ　　けえき

(　　　　　　　　　　　　)

◉ことばを楽しもう

5 つぎの文しょうを読んで、もんだいにこたえましょう。

教下86ページ

わるいにわとりとわにいるわ
ぞうくんぱん(パン)くうぞ
きんのはとはのんき
このらいおん(ライオン)おいらのこ
たったいまがんがまいたった

〈いしづ　ちひろ　作〉

(1) それぞれの文に出てくるどうぶつの名前に、すべて――をつけましょう。　ぜんぶできて10点

(2) 「たった……まいたった」のぶぶんに、丸(。)を一つ、点(、)を二つつけましょう。　ぜんぶできて13点

ヒント 4 ひらがなののばす音は、かたかなでは「ー」と書くね。

まとめのドリル 34。 ねこのこ ～ ことばを楽しもう

時間 20分　合かく80点　／100

サクッとこたえあわせ　答え 94ページ

月　日

◉かたかなで書くことば

1 □に合うかん字を書きましょう。　20点（一つ5）

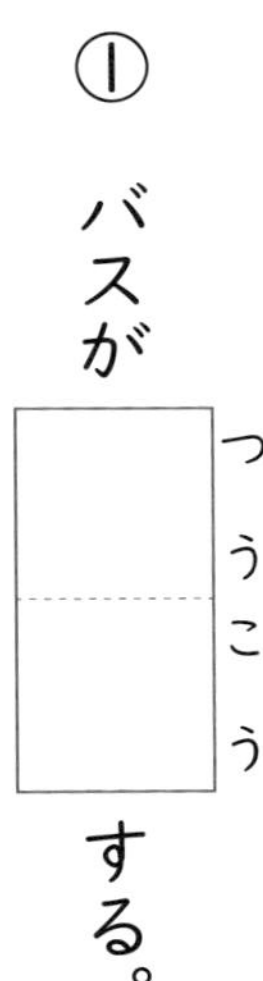

① バスが［つうこう］する。　② みなとの［いちば］に行く。

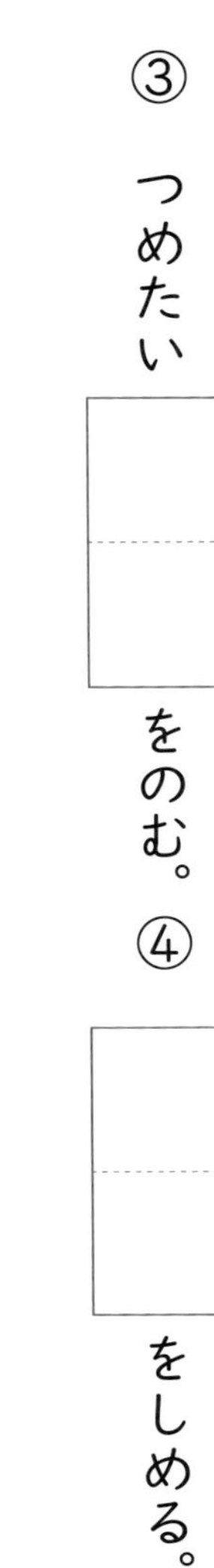

③ つめたい［むぎちゃ］をのむ。　④［あまど］をしめる。

2 つぎのなかまに当てはまることばを、［　］から二つずつえらんで、かたかなに直して書きましょう。　40点（一つ5）

① どうぶつの鳴き声

（　　　　）（　　　　）

② いろいろなものの音

（　　　　）（　　　　）

③ 外国から来たことば

（　　　　）（　　　　）

④ 外国の、国や土地、人の名前

（　　　　）（　　　　）

めえめえ　さらだ　ぽちゃん　がたごと
じゅうす　ぴよぴよ　ないちんげえる　いぎりす

➡うらのページにつづくよ！

教科書 ㊦82～86ページ

3 つぎの（　）に当てはまることばを、[　]からえらんで、記ごうを書きましょう。 12点（一つ3）

① にわとりが（　）と鳴いている。

② （　）とフォークをつかって、ハンバーグを食べる。

③ コアラは（　）で見ることができる。

④ （　）はさっきょく家です。

ア オーストラリア　イ ベートーベン
ウ コケコッコー　エ ナイフ

4 まちがって書かれたかたかなを、正しく書き直しましょう。 8点（一つ4）

〈れい〉おひるにスープとミイトソウスを食べた。（ミートソース）

① わたしは、ドーナツとチヨコレエトがだいすきだ。
（　　　）

② 父は、しょくごにミルクの入ったコオヒイをのむ。
（　　　）

◉ことばを楽しもう

5 つぎの文を読んで、もんだいにこたえましょう。

教下86ページ

あいうえお
ありが、
いけに
（　）いている。
えだにのって
おでかけだ。

(1) （　）に当てはまるひらがなを書き、文をかんせいさせましょう。 10点

(2) この文のとくちょうとして、合うものに○をつけましょう。 10点

ア（　）色をあらわすことばがたくさんつかわれている。

イ（　）音をあらわすことばがたくさんつかわれている。

ウ（　）行のさいしょの字をくふうしている。

ヒント 5(1)(2) どこをつなげると「あいうえお」になるかな。

ロボット

1 ――線のかん字の読みがなを書きましょう。　15点（一つ5）

①（　　）答える　②ゆっくり（　　）歩く。　③（　　）工場を作る。

2 つぎの――線のことばのいみとして、合っているものに○をつけましょう。　15点（一つ5）

① はくぶつかんのようなしせつ。

ア（　）よく知られていないたてもの。

イ（　）あるもくてきのためのたてもの。

ウ（　）けんせつ中のたてもの。

② カメラで、どうがをとる。

ア（　）ろく画した画ぞう。

イ（　）止まっている画ぞう。

ウ（　）うごいている画ぞう。

③ たとえば、水ぞくかんには、水そうがあります。

ア（　）れいをあげて、わかりやすくせつめいすることば。

イ（　）文と文をつなぐときにつかうことば。

ウ（　）前のことがらの理由（ゆう）をせつめいすることば。

学校、図書かん、公園なども「しせつ」のれいだよ。

3 上と下のことばがつながるように、――でむすびましょう。　20点（一つ5）

① 家にもつを　・　　・ア くずれる。

② 車と車が　・　　・イ とどける。

③ 川の水のようすを　・　　・ウ ぶつかる。

④ 大雨で道が　・　　・エ たしかめる。

教科書 下87～97ページ

うらのページにつづくよ！

4 つぎの文しょうを読んで、もんだいに答えましょう。

📖教下 88ページ1行〜89ページ11行

　ロボットは、人をたすけてくれる、かしこいきかいです。人のかわりにそうじをするロボットや、ペットのかわりになるロボットなど、いろいろなものが作られてきました。今も、新しいロボットが考えられています。そして、わたしたちのみの回りでつかわれはじめています。どんなロボットがあるのでしょう。どんなときに、たすけてくれるのでしょう。

　新しく考えられているロボットの一つに、にもつを家にとどけてくれるものがあります。このロボットは、ひとりでどうろをはしって、人の家まで、にもつをはこびます。にもつをまっている人は、とどける人が足りなかったら、何日もまつことになるかもしれません。このロボットがあれば、とどける人が足りないときでも、にもつをうけとることができます。

〈さとう ともまさ「ロボット」より〉

(1) 「いろいろなもの」とありますが、どんなロボットが作られてきましたか。二つ書きぬきましょう。 20点(一つ10)

(　　　　　　　　)

(　　　　　　　　)

(2) 「新しいロボット」は、どこでつかわれはじめていますか。十字で書きましょう。 10点

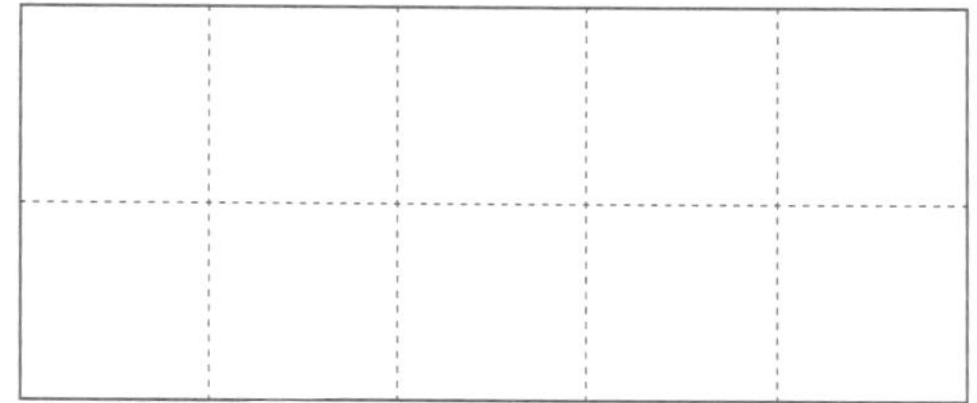

(3) にもつを家にとどけてくれるロボットは、どんなときに、たすけてくれますか。 10点

(　　　　　　　　)

(4) 「かもしれません」をつかって、みじかい文を作りましょう。 10点

(　　　　　　　　)

ヒント ❹(3) このロボットがあれば、にもつを何日もまたなくてすむね。

1 つぎの文しょうを読んで、もんだいに答えましょう。

教 下 90ページ1行～91ページ2行

また、水ぞくかんのようなしせつで、あんないをしてくれるロボットもあります。このロボットは、人のしつもんを聞いて、答えたり、道あんないをしたりします。

たとえば、水ぞくかんには、水そうがたくさんあります。見たい生きものの水そうまで、どう行けばいいか分からないこともあるでしょう。でも、教えてくれる人が、近くにいないかもしれません。このロボットがあれば、知りたいことがあるときに、すぐにしつもんすることができます。

〈さとう　ともまさ「ロボット」より〉

(1)　「このロボット」は、

①　どこでたすけてくれますか。五字で書きましょう。　10点

②　何をしてくれますか。合うもの二つに○をつけましょう。　10点(一つ5)

ア(　　)しつもんに答えてくれる。

イ(　　)にもつをはこんでくれる。

ウ(　　)道あんないをしてくれる。

エ(　　)しゃしんをとってくれる。

(2)　水そうを見たいときに、こまることは何ですか。　15点

見たい水そうまで(　　　　　　　　)こと。

(3)　このロボットがあれば、何ができますか。　15点

(　　　　　　　　)

教科書 下 87～97ページ

うらのページにつづくよ！

2 つぎの文しょうを読んで、もんだいに答えましょう。

教下 91ページ3行～92ページ10行

ほかに、空をとんで、あぶないばしょのようすを見に行ってくれるロボットもあります。このロボットは、ほかのものにぶつからないようにしながら、きめられたばしょまでとんでいきます。そして、体についているカメラで、空からしゃしんやどうがをとります。じしんやこうずいがおきたら、たてものがこわれていないかや、川の水がどれぐらいふえているかを、たしかめなければなりません。でも、歩いてしらべに行くと、とちゅうで道がくずれたり、水がながれてきたりして、けがをしてしまうかもしれません。このロボットがあれば、あぶないばしょに近づけないときに、ロボットがとったしゃしんやどうがを見て、ようすを知ることができます。

<さとう ともまさ「ロボット」より>

(1) 「このロボット」は、何のようすを見に行ってくれますか。七字で書きましょう。 10点

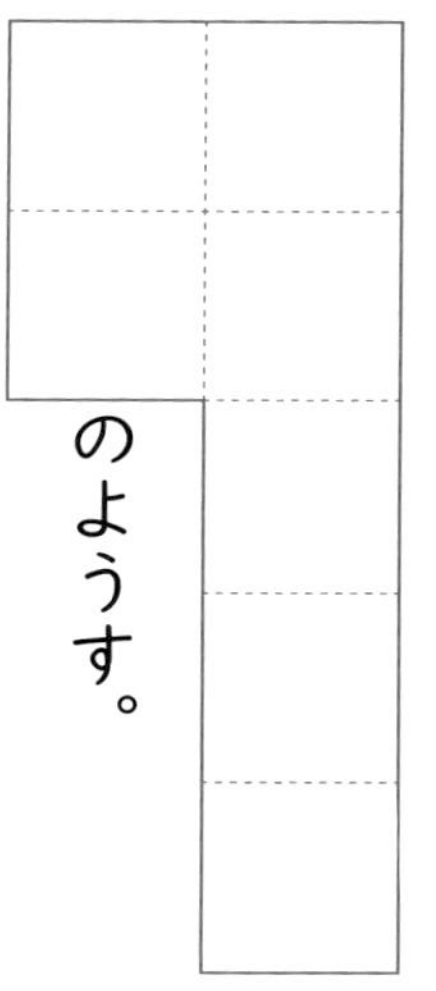

のようす。

(2) 「じしんやこうずい」のとき、しゃしんやどうがをとるのは、何をたしかめるためですか。二つ書きましょう。 20点(一つ10)

(3) 「歩いてしらべに行く」と、体にどんなきけんがありますか。二字で書きましょう。 5点

(4) この文しょうは、どんなことをのべていますか。つづけて書きましょう。 15点

ロボットのおかげで、わたしたちは、

ヒント 2(4) わたしたちができないことを、ロボットがしてくれるんだね。

ようすをあらわすことば／見たこと、かんじたこと
カンジーはかせの大はつめい
すてきなところをつたえよう

時間 15分　合かく80点　／100

サクッとこたえあわせ

答え 95ページ

月　日

◉カンジーはかせの大はつめい／すてきなところをつたえよう

1 ――線のかん字の読みがなを書きましょう。　18点（一つ3）

①（　　）天才　②（　　）弓矢　③（　　）門をくぐる。

④（　　）合体する　⑤（　　）計算　⑥（　　）ほけん室

◉カンジーはかせの大はつめい

2 つぎのかん字を合体させてできるかん字を、□に書きましょう。　15点（一つ5）

① 口・夕 → □　② 立・日 → □　③ 木・木 → □

◉ようすをあらわすことば

3 つぎの文の（　）に当てはまるようすをあらわすことばを、それぞれ後の□からえらんで、記ごうを書きましょう。　30点（一つ5）

(1)
① 夜空に星が（　）と　かがやいている。
② 夏のたいようが（　）と　てりつけている。

ア　きらきら　イ　ぎらぎら

(2)
① 朝から雨が　とても（　）ふっている。
② 今は　雨は（　）しかふっていない。

ア　少し　イ　はげしく

(3)
①（　）、ちょこまかうごく。
②（　）、どっしりしている。

ア　ぞうのように　イ　ねずみのように

ことばのかんじから、ようすがつたわってくるね。

うらのページにつづくよ！

教科書 下98～110ページ

◉すてきなところをつたえよう

4 友だちのすてきなところをつたえる手紙を書くときに、ちゅういすることとして合うものに、すべて○をつけましょう。 ぜんぶできて7点

ア（　）書いた手紙を読みかえして、まちがいがあったら直す。

イ（　）手紙を書く前に、つたえることを書き出す。

ウ（　）手紙を書きおわったら、いそいで友だちにわたす。

エ（　）すてきなところと、そう思ったときのことを分けて書く。

オ（　）ほかの友だちのことも書いて、できるだけ長い手紙を書く。

◉見たこと、かんじたこと

5 つぎの詩を読んで、もんだいに答えましょう。

教下 102ページ4行～103ページ4行

バラのまつぼっくり

くぼ　マリア

休み時間に
四年生のいぶきちゃんと
りのちゃんのお店で
バラの花みたいな
まつぼっくりを買ったよ。
はっぱのお金で買ったよ。
すごくきれいなまつぼっくり
たからものにするよ。

〈「見たこと、かんじたこと」より〉

(1) この詩には、どんなことが書かれていますか。二つに○をつけましょう。 10点（一つ5）

ア（　）話したこと

イ（　）聞いたこと

ウ（　）さわったもの

エ（　）やってみたこと

オ（　）思ったことやかんじたこと

(2) まつぼっくりのようすをあらわすことばを、二つ書きぬきましょう。 10点（一つ5）

（　　　　）

（　　　　）

(3) この詩を書いた人の、まつぼっくりをたいせつにしたい気もちがよくつたわることばを、書きぬきましょう。 10点

（　　　　）

ヒント 5(2) どんなまつぼっくりだと書かれているかな。

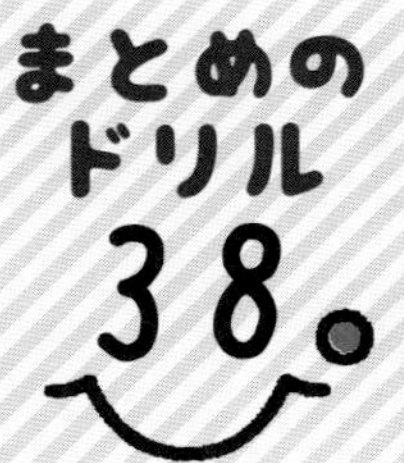

ようすをあらわすことば
カンジーはかせの大はつめい
すてきなところをつたえよう

◉ようすをあらわすことば

1 ——線のことばは、どういうことをあらわしていますか。合うものに○をつけましょう。 10点

・わたがしのような<u>雲</u>。

ア（　　）雲が、わたがしのようにあまくておいしいようす。

イ（　　）わたがしが、雲のように白くてふわふわしているようす。

ウ（　　）雲が、わたがしのように白くてふわふわしているようす。

◉カンジーはかせの大はつめい

2 つぎのかん字を合体させると、どんなかん字になりますか。□にかん字を書きましょう。 15点（一つ5）

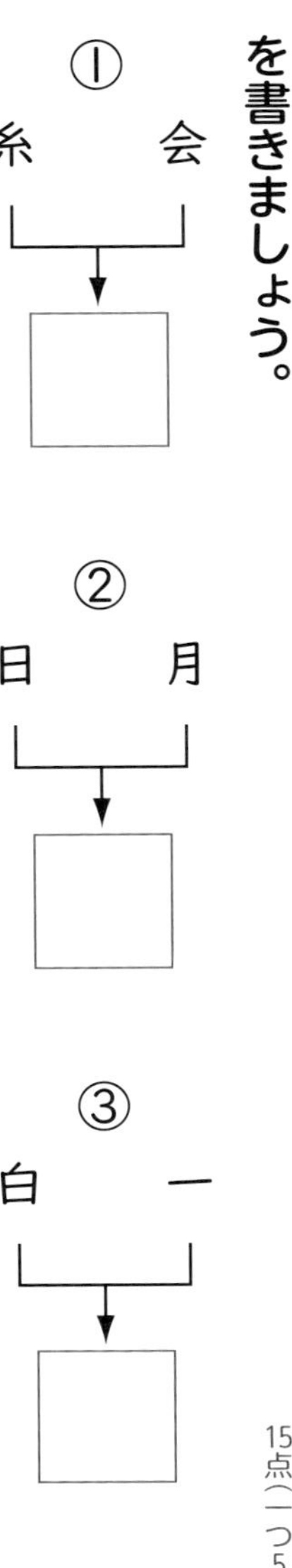

3 つぎのかん字を二つずつ合体させて、かん字を三つ作りましょう。できたかん字の読みがなも書きましょう。 24点（一つ4）

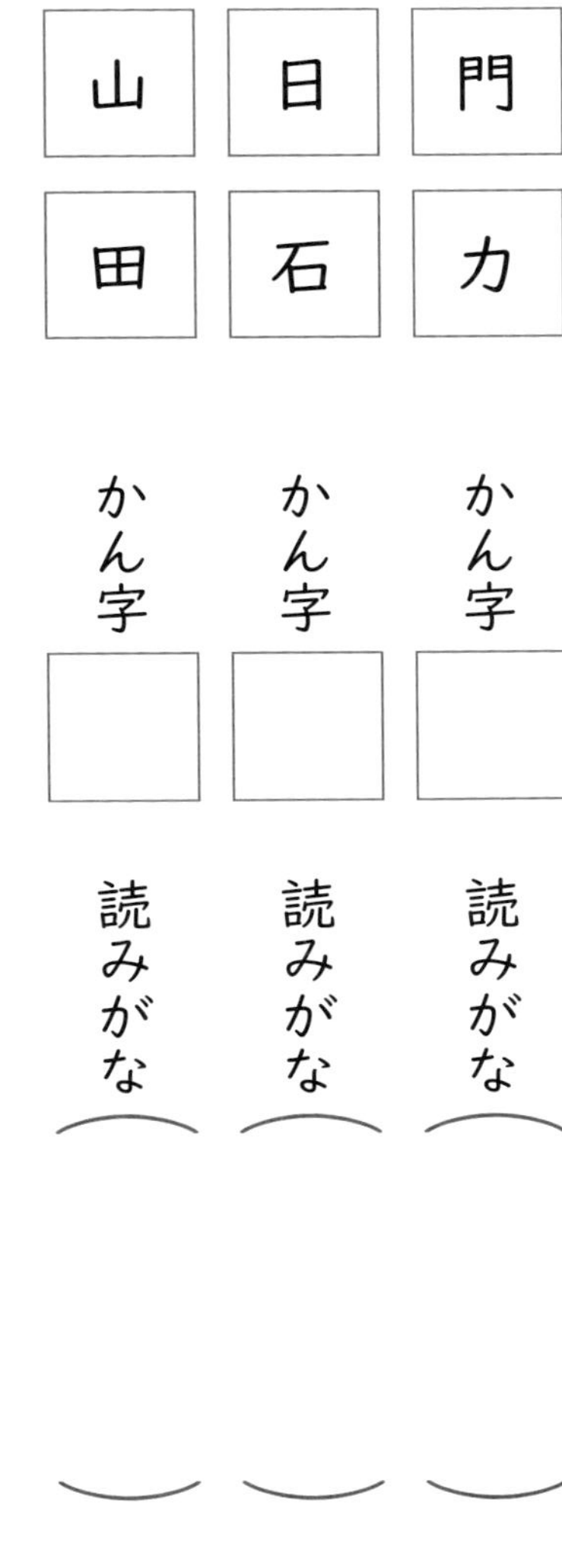

うらのページにつづくよ！

◉カンジーはかせの大はつめい

4 つぎの①〜④のかん字の後につけると、一つのことばになるかん字を、下のア〜エからそれぞれえらんで、――でむすびましょう。　16点（一つ4）

① 花・	・ア	川
② 先・	・イ	糸
③ 谷・	・ウ	火
④ 毛・	・エ	生

◉すてきなところをつたえよう

5 つぎの、おおかわさんの手紙を読んで、もんだいに答えましょう。

教下108ページ4行〜14行

はやし　たいき　さん
　たいきさんのすてきなところは、いつもやさしいところです。
　ろう下で一年生がころんだとき、たいきさんは、すぐに声をかけて、ほけん室につれていってあげていました。わたしは、どうしようと思いながら見ているだけだったので、すてきだなと思いました。
　これからも、やさしいたいきさんでいてくださいね。
おおかわ　はな

(1) おおかわさんは、たいきさんのすてきなところは、どんなところだと書いていますか。　10点

（　　　　）

(2) おおかわさんが、たいきさんを「すてきだな」と思ったのは、なぜですか。合うものに○をつけましょう。　10点

ア（　　）一年生がころんだとき、手あてをしてあげたから。

イ（　　）一年生がころんだとき、声をかけて、ほけん室につれていってあげたから。

ウ（　　）一年生がころんだとき、先生をよびにいってくれたから。

(3) おおかわさんの思いがつたわる、よびかけるようなことばを書きぬきましょう。　15点

（　　　　）

ヒント 5(1) はじめに分かりやすく、みじかく書いてあるよ。

きほんのドリル 39。

スーホの白い馬 かん字の広場⑤ 楽しかったよ、二年生

時間 15分
合かく80点 ／100
サクッとこたえあわせ
答え 95ページ
月　日

◉スーホの白い馬／楽しかったよ、二年生

1 ――線のかん字の読みがなを書きましょう。　24点（一つ3）

①（　　）北の方。　②（　　）馬にのる。　③（　　）牛をかう。　④（　　）走る

⑤（　　）少年　⑥（　　）弱る　⑦馬を（　　）売る。　⑧（　　）強い

◉スーホの白い馬

2 ――線のことばのいみとして、合うものに○をつけましょう。　16点（一つ8）

① わかい馬が、おおかみの前に立ちふさがった。

ア（　）前に立って、行き先をじゃました。
イ（　）前に立って、ぱたんとたおれた。
ウ（　）先頭をきって、走りだした。

「立ちはだかる」と同じいみだよ。

② むちゅうで組み立てる。

ア（　）何かをしながら、てきとうにしごとをすること。
イ（　）われをわすれて、一つのことに心をかたむけること。
ウ（　）気もちばかりがあせって、なかなかすすまないこと。

◉楽しかったよ、二年生

3 はっぴょうするときに気をつけることとして、合うものにすべて○をつけましょう。　ぜんぶできて10点

ア（　）じゅんじょを考えて話す。
イ（　）思いついたことから、じゆうに話す。
ウ（　）思ったことや考えは話さず、本当にあったことだけを話す。
エ（　）聞きとりやすい声の大きさやはやさで話す。
オ（　）はじめに何について話すのかを言う。

教科書 下111～135ページ

←うらのページにつづくよ！

4 つぎの文しょうを読んで、もんだいに答えましょう。

教下114ページ5行〜115ページ2行

　ある日のことでした。日は、もう遠い山のむこうにしずみ、あたりは、ぐんぐんくらくなってくるのに、スーホが帰ってきません。

　おばあさんは、しんぱいになってきました。近くにすむひつじかいたちも、どうしたのだろうと、さわぎはじめました。

　みんながしんぱいでたまらなくなったころ、スーホが、何か白いものをだきかかえて、帰ってきました。

　みんながそばにかけよってみると、それは、生まれたばかりの、小さな白い馬でした。

　スーホは、にこにこしながら、みんなにわけを話しました。

〈おおつか　ゆうぞう「スーホの白い馬」
（大塚　勇三　再話「スーホの白い馬」㈱福音館書店刊）より〉

(1)　一日のいつごろの話ですか。合うものに○をつけましょう。　10点

ア（　　）昼から夕方にかけて。
イ（　　）夕方から夜にかけて。
ウ（　　）夜から夜中にかけて。

(2)　おばあさんがしんぱいになったのは、なぜですか。　10点

（　　　　　　　　）

(3)　「みんな」とは、おばあさんのほかに、だれをさしていますか。　10点

（　　　　　　　　）

(4)　「何か白いもの」は、何でしたか。　10点

（　　　　　　　　）

(5)　「みんなにわけを話し」たときのスーホの気もちとして、合うものに○をつけましょう。　10点

ア（　　）みんなにあつまってもらって、もうしわけない。
イ（　　）おばあさんをしんぱいさせてしまって、かなしい。
ウ（　　）かわいい白い馬を手に入れられて、うれしい。

ヒント　4(5)　すぐ前に、スーホのようすが書いてあるよ。

まとめのドリル40。

スーホの白い馬

時間 20分　合かく80点　／100

サクッとこたえあわせ　答え 96ページ

月　日

1 つぎの文しょうを読んで、もんだいに答えましょう。

教 下 123ページ9行〜124ページ10行

そのばんのことです。スーホがねようとしていたとき、ふいに、外の方で音がしました。

「だれだ。」

ときいてもへんじはなく、カタカタ、カタカタと、もの音がつづいています。ようすを見に出ていったおばあさんが、さけび声を上げました。

「白馬（しろうま）だよ。うちの白馬だよ。」

スーホははねおきて、かけていきました。見ると、本当に、白馬はそこにいました。けれど、その体には、矢が何本もつきささり、あせが、たきのようにながれおちています。白馬は、ひどいきずをうけながら、走って、走って、走りつづけて、大すきなスーホのところへ帰ってきたのです。

スーホは、はを食いしばりながら、白馬にささっている矢をぬきました。きず口からは、血（ち）がふき出しました。

〈おおつか ゆうぞう「スーホの白い馬」(大塚 勇三 再話「スーホの白い馬」㈱福音館書店刊)より〉

(1) この「音」をあらわしていることばを書きぬきましょう。 15点

(　　　　)

(2) 「おばあさんが、さけび声を上げ」たのは、なぜですか。 15点

(　　　　)

(3) スーホが、白馬のところへいそいで行ったようすが分かる文に、——をつけましょう。 10点

(4) 白馬から矢をぬいているときのスーホの気もちに合うものに、○をつけましょう。 10点

ア（　）また白馬に会えて、うれしい。

イ（　）白馬がかわいそうで、つらい。

ウ（　）白馬がしんでしまって、かなしい。

← うらのページにつづくよ！

教科書 下 111〜130ページ

2 つぎの文しょうを読んで、もんだいに答えましょう。

教下 126ページ3行～127ページ12行

　スーホは、ゆめからさめると、すぐ、そのがっきを作りはじめました。ゆめで、白馬が教えてくれたとおりに、ほねやかわや、すじや毛を、むちゅうで組み立てていきました。

　がっきはできあがりました。これが馬頭琴です。

　スーホは、どこへ行くときも、この馬頭琴をもっていきました。それをひくたびに、スーホは、白馬をころされたくやしさや、白馬にのって草原をかけ回った楽しさを思い出しました。そして、スーホは、自分のすぐわきに白馬がいるような気がしました。そんなとき、がっきの音は、ますますうつくしくひびき、聞く人の心をゆりうごかすのでした。

　やがて、スーホの作り出した馬頭琴は、広いモンゴルの草原中に広まりました。そして、ひつじかいたちは、夕方になると、よりあつまって、そのうつくしい音に耳をすまし、一日のつかれをわすれるのでした。

〈おおつか　ゆうぞう「スーホの白い馬」（大塚　勇三　再話「スーホの白い馬」㈱福音館書店刊）より〉

(1) スーホは、白馬の何をつかってがっきを作りましたか。四つ書きましょう。 20点(一つ5)

（　　）（　　）
（　　）（　　）

(2) スーホは馬頭琴をひくと、どんなことを思い出しましたか。二つ書きぬきましょう。 20点(一つ10)

（　　）
（　　）

(3) 「聞く人の心をゆりうごかす」のはなぜですか。合うものに○をつけましょう。 10点

ア（　）馬頭琴にされた白馬のいたみが、聞く人につたわるから。

イ（　）スーホのえんそうのうまさが、聞く人をおどろかせるから。

ウ（　）スーホの白馬を思う気もちが、聞く人につたわるから。

ヒント 2(3) 少し前に「そんなとき」とあるよ。どんなときに心をゆりうごかすのかな。

学年まつの
ホームテスト

41. 二年生でならった かん字とことば

時間 20分　合かく80点　／100

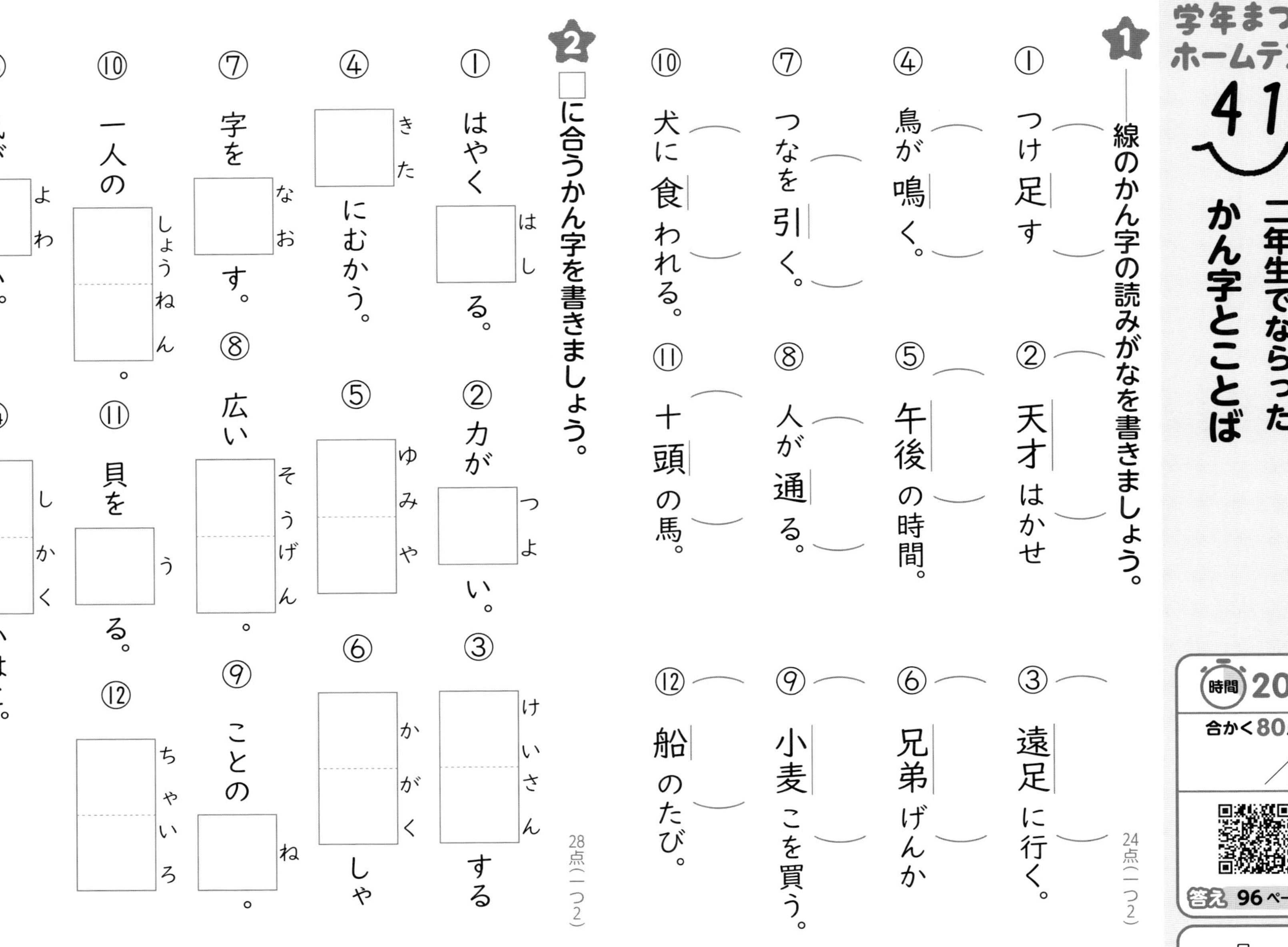

答え 96ページ

サクッと こたえあわせ

月　日

1 ――線のかん字の読みがなを書きましょう。　24点（一つ2）

① つけ足す（　　）
② 天才はかせ（　　）
③ 遠足に行く。（　　）
④ 鳥が鳴く。（　　）
⑤ 午後の時間。（　　）
⑥ 兄弟げんか（　　）
⑦ つなを引く。（　　）
⑧ 人が通る。（　　）
⑨ 小麦こを買う。（　　）
⑩ 犬に食われる。（　　）
⑪ 十頭の馬。（　　）
⑫ 船のたび。（　　）

2 □に合うかん字を書きましょう。　28点（一つ2）

① はやく□(はし)る。
② 力が□(つよ)い。
③ □□(けいさん)する
④ □(きた)にむかう。
⑤ □□(ゆみや)
⑥ □□(かがく)しゃ
⑦ 字を□(なお)す。
⑧ 広い□□(そうげん)。
⑨ ことの□(ね)。
⑩ 一人の□□(しょうねん)。
⑪ 貝を□(う)る。
⑫ □□(ちゃいろ)
⑬ 気が□(よわ)い。
⑭ □□(しかく)いはこ。

← うらのページにつづくよ！

3 ——線のかん字の読みがなを書きましょう。 24点（一つ2）

① ア 親子（　　） イ 親友（　　）

② ア 前の方。（　　） イ 午前（　　）

③ ア 黒板（ばん）（　　） イ 黒い（　　）

④ ア 夜店（　　） イ 朝と夜。（　　）

⑤ ア 数字（　　） イ 数える（　　）

⑥ ア 白い馬。（　　） イ けい馬（　　）

4 つぎのことばをつかって、みじかい文を作りましょう。 8点（一つ4）

① ぶるぶる

（　　　　）

② わたがしみたいな（に）

（　　　　）

5 つぎの□のかん字と○のかん字を一つずつ合体させて、かん字を四つ作りましょう。 16点（一つ4）

□ 糸　○ 合　□ 生　○ 玉

○ 日　□ 口　○ 田　□ 竹

□□
□□

答え

●ドリルや　ホームテストが　おわったら、答え合わせを　しましょう。
●まちがって　いたら、かならず　もう　一ど　やり直しましょう。
考え方も　読み直しましょう。

1. かん字の　ふくしゅう　1～2ページ

❶ ①車　②青　③貝　④山　⑤町　⑥夕日　⑦赤　⑧王　⑨学校

❷ ①村　②林　③田　④森　⑤川　⑥耳　⑦月・日　⑧虫　⑨雨

❸ ①花火　②白　③糸　④金　⑤早　⑥天気　⑦水　⑧草　⑨文　⑩花・土　⑪先生

❹ ①見　②正　③石　④目　⑤口　⑥音　⑦一年生　⑧大　⑨小　⑩立　⑪手

考え方

❶ ③「貝」は「見」と、⑧「王」は「玉」とまちがえやすいので、注意しましょう。

❸ 横線の長さにも注意。⑥「天」は上の横線の方を長く書きます。⑩「土」は下の横線の方が長くなります。

おうちの方へ

習ってすぐの漢字は書けても、時間がたつと忘れてしまうというお子さんが、一定数います。

漢字学習は、くり返し練習するしかありません。配当漢字数が少ない低学年のうちに、くり返し復習して定着させる習慣を身につけましょう。

2. かん字の　ふくしゅう　3～4ページ

❶ ①三　②五　③犬　④四人　⑤九　⑥二　⑦一本　⑧四　⑨七

❷ ①一　②五　③百円玉　④八　⑤九　⑥十　⑦六　⑧千　⑨七・十

❸ ①力　②竹　③出　④入　⑤空　⑥足　⑦休　⑧名　⑨左　⑩上　⑪下

❹ ①人　②女　③子　④男　⑤右　⑥下　⑦上　⑧青　⑨出　⑩入　⑪名人

考え方

物を数えるときに「～つ」という言い方があります。「一つ・二つ・三つ・四つ・五つ・六つ・七つ・八つ・九つ・十」という読み方を確かめましょう。

おうちの方へ

漢字を練習するときは、特に、書き順に注意する必要があります。まずは、次の大きな二つのきまりをきちんと覚えましょう。

○上から下へ書く（例三、音）
○左から右へ書く（例八、竹）

その他にも、小さなきまりごとがいくつかあります。

◇中を先に書く（例小、赤）
◇外側を先に書く（例円、月）
◇横線と縦線が交わるときには、横線を先に書く（例十、手）
◇つきぬける線は最後に書く（例中、女）
◇左はらいを先に書く（例人、九）
◇左はらいと横線が交わるときには、

短い方を先に書く〈例右〈左はらいが先〉、左〈横線が先〉〉

3 きほんのドリル 5〜6ページ

1 ①よ ②ゆき ③い ④い ⑤みなみ ⑥こえ ⑦か ⑧ちゅう ⑨としよ ⑩し ⑪かた ⑫えほん

2 ①—エ ②—ア ③—ウ ④—イ

3 (1)ア
(2)(竹やぶの)竹の　はっぱ。
(3)(「)さむかったね。(」)
(「)うん、さむかったね。(」)
(順序なし)
(4)ふきのとう
(5)雪

考え方
2 ものの動きやはたらきを表す言葉の意味をとらえましょう。エの「あびる」は、「水をあびる。」などにも使います。
3 (3)「　」がなくても正解です。

4 まとめのドリル 7〜8ページ

1 ①ウ ②ア ③エ ④イ
2 ①ア ②オ ③エ
3 (1)あくび・せのび(順序なし)
(2)イ
(3)もっこり

考え方
3 「ふきのとう」の文章では、ふきのとうが顔を出す、春のはじまりの情景を想像しましょう。
(2)起きたばかりの春風が、あくびをして、背のびをして言った言葉です。

5 きほんのドリル 9〜10ページ

1 ①はる ②は ③おも ④につき ⑤げつようび ⑥にく ⑦はな ⑧き
2 ア・ウ・カ・ク
3 イ
4 ア・エ
5 (1)①(順に)赤と　白・しまもよう
②ピンクの　ぼうし
③リュックサック
(2)れい　わたしに　おしえる。

考え方
5 人を探すときは、人や物の様子を表す言葉などが、その人を見つけるときの手がかりになります。

6 きほんのドリル 11〜12ページ

1 ①きいろ ②ふと ③は ④くろ ⑤おお ⑥たか ⑦あたら ⑧かんが
2 ①ア ②イ
3 はじめに　つぎに
4 (1)春
(2)(順に)黄(色い)・黒っぽい
(3)たおれる
(4)(順に)じく・たね・えいよう・太らせ

おうちの方へ
4 二年生になると、一年生のころに比べて、一つ一つの文の長さが、だんだん長くなってきます。その分、一つの文の情報量が増えるので、それを確実に理解する必要があります。
そのためには、(1)のように、「いつ」のことを書いた文章かということ以外にも、「どこ」のことか、「何」についてなのかなど、文章のベースとなる部分をきちんと読み取る必要があります。

また、文章中に出てくる言葉は、正しくぬき出す習慣をつけましょう。

7 まとめのドリル　13～14ページ

1 ア4　イ1　ウ2　エ3

2 (1)れい（花が）かれた　あとに。
(2)らっかさん

3 ①―ウ　②―ア　③―イ　④―エ

4 (1)よく　晴れて、風の　ある　日
(2)しめり気の　多い　日
雨ふりの　日　（順序なし）
(3)たねを　とばす
(4)ウ

考え方
4 (1)(2)「よく　晴れて、風の　ある日」と「しめり気の　多い　日や、雨ふりの日」とで、わた毛の飛び方がちがいます。ちがいを読み取りましょう。

おうちの方へ
2　この文章には、「その　あとに」「この　わた毛の」など、たくさんの指示語が出てきます。設問になっていない指示語も、それぞれ何を指しているのかを確認しながら読み進めるようにうながしましょう。指示内容は、原則的に「前」から探す姿勢を身につけさせましょう。

8 きほんのドリル　15～16ページ

1 ①かたち　②からだ　③ちか　④おな
⑤なが　⑥いま　⑦かいしゃ　⑧せん
⑨きしゃ　⑩うみ　⑪ちょうない
⑫あね

2 ①―イ　②―エ　③―ア　④―ウ

3 ①ウ　②イ

4 ア・イ・エ

5 切(と)刀　内(と)円　森(と)村
（それぞれ漢字は順序なし）

考え方
4　観察をするときは、様子や動きなどをていねいに見て、ありのままを記録することが大切です。

9 まとめのドリル　17～18ページ

1 ①木　②へ　③刀　④冂　⑤女　⑥糸
⑦氵　⑧言　⑨子

2 イ・ウ

3 (1)①ほしみたいな
②さらさら

4 (1)ア・ウ・エ
(2)ウ

考え方
1 ①⑤⑥⑦⑧は、漢字の左側の部分（へん）が同じです。④は外側の部分（かまえ）が同じ、⑨は中の部分が同じです。
3 **4** 「ミニトマト」についての観察文です。目だけでなく、手や鼻も使って観察しています。

おうちの方へ
1　漢字から、同じ部分を探す問題です。部首について学習する際の導入となる部分なので、新しい漢字を習ったら、今まで習った漢字と共通している部分はないか、確認する習慣をつけるとよいでしょう。

10. きほんのドリル 19〜20ページ

1 ①さかな　②げんき　③おし　④いわ　⑤ひろ　⑥なまえ　⑦いえ　⑧いけ

2 ①イ　②ア

3 れい　王さまのおしろは、森の中にある。

4 (1)(順に)赤い・まっ黒

(2)ミサイル

(3)こわかった。

さびしかった。

(とても)かなしかった。(順序なし)

考え方

4 たとえ(比喩)を使って、海底の様子をえがいています。主人公のスイミーの気持ちとともに、そういった情景のえがかれ方にも注目しましょう。

(1)前半にスイミーの特徴が書かれています。「まっ黒。」「スイミー。」といった、最後を名詞(ものの名を表す言葉)で終わらせる体言止めが、文章にリズムをあたえていることにも注意しましょう。

(2)まぐろの「すごいはやさ」や、おそろしい様子を、ミサイルにたとえています。

(3)ひとりぼっちになったスイミーの気持ちをとらえましょう。

11. まとめのドリル 21〜22ページ

1 ア・エ

2 (1)ア２　イ１　ウ３

(2)れい　だんだん元気をとりもどした。

3 (1)海でいちばん大きな魚

(2)イ・エ

(3)目

(4)れい　大きな魚をおい出した。

考え方

2 (1)海で見たいろいろなものが、「にじ色の　ゼリーのような」「水中ブルドーザーみたいな」などと、魅力的に表現されています。

(2)ひとりぼっちになったスイミーが、元気を取りもどしていく様子が書かれています。

3 (2)全員で泳いだときに、大きな魚に見えるための注意です。

(3)赤い魚たちの中で、たった一ぴきだけ真っ黒なスイミーが、目のふりをしたのです。

12. きほんのドリル 23〜24ページ

1 ①く　②うし　③かず　④はね　⑤くも　⑥ひ

2 ①―ア　②―イ　③―ウ

3

そのとき、けんたくんが、
「ぼくも、いっしょに海に
　行きたいな。」
と言いました。わたしは、
「じゃあ、ふたりで行こう
　よ。」
とこたえました。

4 (1)(順に)くじらこうえん・ぶらんこの後ろ

(2)ア

(3)さるすべり

(4)れい　さるすべりの木を見に行って(、みきにさわってみて)ほしい。

考え方

4 (4)最後の一文は、読む人に呼びかける形になっています。「みきにさわってみて」は、なくてもかまいません。

おうちの方へ

3 正しい原稿用紙の使い方は、作文を書くときにとても大切になります。句読点やかぎ（「」）が文章の中でどんな役割を果たしているかを理解し、位置などがきまりどおりに書けているか、確認しましょう。

4 自分の見たことや聞いたことを人に伝える文章では、自分がしたことや見たり聞いたりしたことと、考えたり感じたりしたことを、はっきりと区別して書くことが大切です。書かれた文章を読むときも、それが事実を述べた部分なのか、意見や感想を述べた部分なのかを、考えながら読み取っていきましょう。

13. まとめのドリル　25〜26ページ

1 ①この店では、きものを買う。
②この店で、はきものを買う。

2
ぼくは、おじさんに、
「ねえ、おじさんが子
どものころの話をし
てよ。」
とたのみました。

3 (1)せみのぬけがら。
(2)［れい］せみのぬけがらが、思ったよりもずっとかるかったので。

4 (1)①ウ　②イ
(2)ア

考え方

1 読点の位置によって、文の意味がまったく変わってしまいます。

4 一人で考えるだけでなく、友達と話をすることによって、考えが深まったり、思わぬアイディアが出ることがあります。聞かれた内容に合った答えをするようにしましょう。

14. きほんのドリル　27〜28ページ

1 ①なつ　②こうえん　③とお　④まん
⑤あたま　⑥く　⑦とり　⑧うた

2 ア・エ・オ・ク

3 ①ア　②ウ

4 (1)ぼうし
(2)お店のうらの方
(3)ウ
(4)［れい］（ぴったりで、）とってもいいかんじ。

おうちの方へ

2 自然のものから、夏のものを選ぶ問題です。最近はほとんどの野菜や果物が年間を通して売られていて、旬を感じることが難しくなっていますが、季節感を日常の食生活や周囲の自然から感じるのは、とても大切な感覚です。折に触れて話すとよいでしょう。

4 この物語では、店長さんの思ったことや考えたことははっきり書かれていないので、想像しながら読んでいく必要があります。教科書103ページでミリーに空っぽの財布を見せられて困った店長さんは、考えた結果、「とくべつなぼうし」をミリーの頭にのせます。店長さんの優しい対応について、しっかり読み取っていきましょう。

15. まとめのドリル　29〜30ページ

1 (1)せみのなきごえ。
(2)み
(3)きみ

2 (1)そうぞう

3 (1)（順に）
お店・いろんな色の羽・羽
(2)ア1　イ3　ウ4　エ2

(3) れい　ぼうしをかぶっているのは、じぶんだけじゃないこと。

考え方

1 (2)詩の中に「み」が何度も出てきます。言葉の響き（ひびき）が楽しい詩です。

(3)「いちばん　なかよし　きみ」に「とこやに　いったね　かみ」と呼びかけています。

3 (1)ミリーの言葉に注目しましょう。ぼうしやさんにあった「いろんな色の羽の　ぼうし」のことを想像すると、ぼうしが「クジャクのぼうし」になったのです。

(2)お話の流れに沿って確認（にん）していきます。周囲のものに合わせて、ミリーのぼうしも変化していきます。

(3)「気がつきました。ぼうしを……だと。」という流れに注意しましょう。二つの文は、普（ふ）通とは順序が逆になっています。

16 夏休みのホームテスト　31〜32ページ

☆1 ①おんどく　②ほう　③は　④から
⑤ちょうない　⑥かいわ
⑦すいちゅう　⑧た　⑨こがたな
⑩おんせい　⑪てんちょう　⑫ぎょう

☆2 ①風　②肉　③公園　④買　⑤南
⑥岩　⑦丸　⑧食　⑨土曜日　⑩言
⑪光　⑫聞　⑬知　⑭毛　⑮点

☆3 ①考える　②教える　③晴れる
④高い　⑤近い　⑥多い　⑦思い
⑧同じ　⑨太った　⑩新しい　⑪広い
⑫切れる

☆4 ①アめい　イな　②アけ　イき

☆5 ①絵　②雲　③会　④汽　⑤姉　⑥体
⑦内

考え方

☆3 ②「教える」、③「晴れる」⑩「新しい」などはまちがえやすいので、特に注意しましょう。

☆4 漢字には音読みと訓読みがあり、多くの漢字は両方の読み方を持っています。また、音読み・訓読みそれぞれを、複数持つものもあります。新しい漢字が出てきたら、辞典を引いて、ほかにどんな読み方があるのかも、確認してみましょう。

☆5 同じ部分は、①「糸」、②「⻗」、③「へ」、④「氵」、⑤「女」、⑥「イ」、⑦「口」です。

17 きほんのドリル　33〜34ページ

1 ①わ　②かい　③なお　④えんそく
⑤てがみ　⑥とも

2 ア・イ・エ

3 ① れい　火曜日に公園の草とりをしました。

② れい　日曜日に海で花火をします。

4 (1)やね・つち・かわ・はな（順序なし）
(2)とんとん
(3)はな
(4) れい　だれとも　なかよしだから。
(5)ア・エ

おうちの方へ

4 声に出して読みたい詩です。「〇〇と　いっしょに　〇〇のうた」や、「やねで　とんとん　やねのうた／つちで　ぴちぴち　つちのうた」といった言葉のくり返しによるリズムを楽しんで読みましょう。「とんとん」「ぴちぴち」などの雨の音を表す言葉も、音を想像しながら読んでみましょう。

18. まとめのドリル　35～36ページ

1 (1)イ
(2)イ・ウ

2 ①金・日・雨　②天気　③月・日・早
④糸　⑤土・日・虫　⑥耳

3 (1)イ・エ

考え方

1 (1)ア「とちゅうにトイレがあるかどうか」は、「ぞうのいるばしょまで」の案内には必要ないので、当てはまりません。
(2)どこで曲がるかがよく分かるように、曲がる場所の目印を言うとよいですね。

3 道案内をするときは、通る道の順に説明すると分かりやすいでしょう。

19. きほんのドリル　37～38ページ

1 ①あさ　②かお　③まいにち　④あ
⑤あいだ　⑥ひる　⑦はんぶん
⑧でんわ

2 れい プールに入る前に、シャワーをあびる。

3 ①ア　②イ

4 (1)ア・エ
(2)いたいところや　つらいところ。
(3)れい　わたしの顔と声。

考え方

3 「どうぶつ園のじゅうい」は、全体を通して、きちんと理由が説明されています。「〜からです。」「だから、〜」などの言い回しに注意しましょう。

4 (1)「なぜかというと」に着目して、この後の部分から理由を読み取りましょう。「〜からです。」「〜という大切なりゆうもあります。」とあります。
(3)「わたしの顔」だけでは不十分です。最後の一文に着目しましょう。

20. まとめのドリル　39～40ページ

1 (1)はぐき
(2)ア
(3)れい　えさとまちがえた(から)。
(4)れい　びょういんにはこんだ。

2 (1)一日のしごとのおわり(に)。
(2)きょうあったできごと。
どうぶつを見て気がついたこと。
（順序なし）
(3)ウ
(4)ウ

考え方

2 (4)続く部分で、理由が説明されています。このように、「〜からです。」の形でない場合もあるので、注意しましょう。

おうちの方へ

1 今の段階では、文末表現にかかわらず、広く正解としていますが、「なぜですか。」ときかれたら「〜から。」と答えるなど、答え方のきまりは意識しておくようにしましょう。また、書きぬき以外の問題では、文末に句点をつけるようにしましょう。

21. きほんのドリル　41～42ページ

1 ①たの　②した　③かぞ

2 ①ちち　②はは　③あに　④おとうと
⑤ごぜん　⑥しょうご　⑦よる
⑧おんがく　⑨ずこう

3 ①れい　一年生が、しっかりと　立つ。
②れい　大きい　石を　ひろう。

4 ①黒・黄色・青・赤・白
②国語・生活・算数
（それぞれ順序なし）

5 ①手　②花　③見

6 (1)のこのこ・のそのそ(順序なし)
(2)のこぎり

考え方

6 (1)1行目は「このこ／のこのこ」、5行目は「そのこ／のそのそ」と区切れます。「このこ（この子）」が歩く様子は「のこのこ」、「そのこ（その子）」が歩く様子は「のそのそ」です。
(2)3行目は「このこ（この子）の／この／のこ」と区切れます。次の行に「たけのこ／きれぬ」とあるので、「のこ」はタケノコを切ろうとした「のこぎり」のことだと分かるでしょう。

おうちの方へ

3 ①「立つ」は終止形ではなく、「立っている」などと活用させても正解です。

6 ひらがなの並びがおもしろい詩です。谷川俊太郎さんの詩には、このように言葉の響きを楽しむものがいろいろあります。他の詩も読んでみましょう。

22 きほんのドリル　43～44ページ

1 ①なに　②かえ　③じぶん　④あ
⑤とうばん　⑥がようし　⑦あか
⑧こんしゅう

2 ①ア　②ウ

3 ①にわに、花が　さく。
②この　おかしは、とても　あまい。
③ぼくの　父は、中学校の　先生だ。

4 (1)かえるくん
(2)れい　（とても）ふしあわせな気もち。
［かなしい気もち。］
(3)れい　お手紙をもらったことがないから。
(4)ウ

考え方

4 がまくんが、「かなしい時」＝「お手紙をまつ時間」に、「とてもふしあわせな気もちになる」と言います。理由をたずねたかえるくんに、がまくんが、お手紙をもらったことがないからと答えている、という会話の流れに注意します。
(2)「かなしい気もち」でも正解です。
(4)「いちども。」は、「いちども（手紙をもらったことがないの）かい。」というかえるくんの質問に対する答えです。

おうちの方へ

3 主語と述語は、これから先、さまざまな文法事項を学ぶうえでの基本となるので、次の三つの形をしっかり身につけましょう。
①だれが(は)／何が(は)―どうする
②だれが(は)／何が(は)―どんなだ
③だれが(は)／何が(は)―何だ
また、主語には修飾語がついている場合も多くあります。主語と修飾語を確実に見分けることができるようにしましょう。

23 まとめのドリル　45～46ページ

1 ①えきの　そばに、ビルが　たつ。
②ぼくは、とても　元気だ。
③この　電車は、七時に　えきに　つく。
④くまの　ぬいぐるみは　妹の　たからものだ。

2 (1)ウ
(2)がまがえるくんへ

3 (1)①お手紙

②れい　かえるくんが、自分でお手紙を書いて、がまくんに出したから。

(2)ぼくは、き

(3)ア・エ

考え方

3 (1)②「ぼく」がかえるくん、「きみ」ががまくんを指していることが分かるように説明しましょう。

(2)『　』の中が、手紙の内容です。その中の、「ぼくは、きみが　ぼくの親友である　ことを、うれしく思っています。」という文です。

(3)かえるくんが書いた、きみが親友でうれしいという手紙の内容を聞かされたときの、がまくんの気持ちを選びます。

24. きほんのドリル 47〜48ページ

1 ①とうきょう　②みち　③のはら
④こめ　⑤ふる　⑥てら　⑦と
⑧つく　⑨り

2 イ・オ・キ・ケ

3 イ・ウ・オ

4 ①ア上げる　イ上る
②ア入る　イ入れる
③ア生まれる　イ生える
④ア下げる　イ下りる　ウ下る

5 (1)秋
(2)4(〜)5(行目)

考え方

5 「あかい　きいろい／もみじきて」から、山が赤や黄色のもみじにつつまれている様子が想像できます。

おうちの方へ

2 「さくら」は春、「すいか」「せみ」「かぶと虫」は夏のものです。季節の言葉は俳句の季語などと関係してくるので、今のうちから意識しておきましょう。

5 秋に木の葉が赤や黄色になることを「紅葉」と言うことを覚えてもよいでしょう。

25. きほんのドリル 49〜50ページ

1 ①ほそ　②すこ　③けい　④たに

2 ①ア　②ウ

3 イ

4 (1)まず・つぎに(順序なし)
(2)たくさんの色。
(3)(順に)谷・山
(4)細い長方形
(5)(順に)太いほうの先・はさむ

考え方

3 紙コップの底に、まつぼっくりを巻きつけた毛糸を付けることに注意します。ウは、完成した形です。

4 (1)順序を表す言葉に注目すると、文章の組み立てが分かりやすくなります。説明文を読むときは、これらの言葉に気をつけて読みましょう。

(5)「二つできたら、わりばしの……つけます。わりばしを……つけましょう。」から読み取りましょう。

26. まとめのドリル 51〜52ページ

1 (1)まん中
(2)内がわ
(3)ア
(4)れい　(紙コップをもって、)わりばしを上におす。

2 (1)まず・そして・つぎに・それから(順序なし)

(2)れい　とれないようにするため。
(3)イ
(4)れい　何回つづけてできるか、数える。

考え方

1 (2)「紙コップの内がわからさしこみます」と書いてあります。
(3)「さいごに」の段落に書かれている文章をしっかり読んで、どんな作業をしているかを頭の中に思い浮かべましょう。

2 (1)「まず」「次に」「最後に」や、「一つ目は」「二つ目は」などがあると、文章の組み立てが分かりやすくなります。
(3)「できあがりです」と書かれている段落を、しっかり読みましょう。

27. きほんのドリル　53〜54ページ

1 ①こく　②しんぶん　③すく
2 ①イ　②ア　③イ
3 ①ア　②ウ　③ア
4 ①むすぶ　②どうろ　③ほほえむ　④おこる
5 ①イ　②ア　③ウ　④ウ　⑤ウ
6 ①百円玉　②千円　③八人

おうちの方へ

2 **3** 類義語・対義語の導入となる部分です。似た言葉の微妙(びみょう)な意味のちがいを考えたり、反対の意味の言葉をセットで覚えたりすることによって、言葉についての理解が深まります。また、たとえば「姉」の反対の言葉として「妹」と「兄」があるように、反対の意味の言葉は、見方を変えると複数ある場合もあるので、注意しましょう。

5 一つの言葉に対する反対の意味の言葉が一つだけとは限らないことも覚えておきましょう。いくつもの意味がある言葉の場合、注意が必要です。

28. きほんのドリル　55〜56ページ

1 ①とぶ　②な　③いっしょう　④こころ
2 ①ウ　②ア　③イ　④ウ
3 (1)(あざやかな)オレンジ色
(2)のりものの後ろ
(3)かしげた
(4)れい　(きっと)ひらひらする。
(5)れい　だれかに見おくってもらうなんて、はじめてだったから。

考え方

3 (3)ナニヌネノンは、リボンを結ぶ理由が分からなかったのです。
(5)このあとのナニヌネノンの言葉に注目しましょう。「だから」の前が、うれしかった理由です。「だから」は、前に述べたことが、後に述べることの理由を表す言葉です。

29. きほんのドリル　57〜58ページ

1 ①ふゆ
2 イ・エ
3 つばき・みかん・はくちょう
(順序なし)
4 ①イ　②ア　③ア
5 (1)「いつもより　とおくまで行くから、はぐれてはいけないよ。」
(2)ア

考え方

5 (1)8行目に「と、おかあさんに言われたのに」とあるので、その前がおかあさんが話した言葉です。

(2)ピッピは「くまの子ども」です。動物を、人間のように書いています。

30. まとめのドリル　59〜60ページ

1 ①－エ　②－ア　③－ウ　④－イ

2 (1)やま・のはら(順序なし)
(2)ウ

3 (1)マヨネーズのようき(みたいな形)。
(2)イ
(3)夕方
(4)[れい]（ナニヌネノンからもらったので)だいじにしたかったから。

考え方
3 (2)ナニヌネノンとの別れを、急にさびしく感じている場面です。
(4)必ず会いに行こうと強く思ったから、悲しくなる気持ちをがまんしようと思ったから、なども正解とします。

31. 冬休みのホームテスト　61〜62ページ

1 ①たい　②あ　③たいせつ
④にんげん　⑤よ　⑥あ　⑦げざん
⑧きんぎょ　⑨しんゆう　⑩とお
⑪ごご　⑫なに

2 ①東京　②昼　③三角　④船　⑤星
⑥画用紙　⑦台　⑧里　⑨西日
⑩半分　⑪歌　⑫秋　⑬風車　⑭外
⑮交通

3 ①アじん　イにん　②アかい　イまわ
③アつく　イさく　④アじ　イとき
⑤アと　イず　⑥アうし　イあと

4 ①アまりこさんは　イ読んだ
②アわたしは　イ話した

5 ①少ない　②立つ　③太い

おうちの方へ
4 主語と述語を探すには、まず述語を見つけ、その述語の「何（だれ）が」にあたる言葉（＝主語）を探すようにします。①「たかしくんと―読んだ」では、主語・述語の関係にならないことに注意しましょう。
5 反対の意味の言葉は、セットで覚えるようにしましょう。

32. きほんのドリル　63〜64ページ

1 (1)ピアノ
(2)へや・にわ(順序なし)
(3)ア
(4)おとのかだん

2 (1)ごろごろ
(2)3(〜)4(行目)
(3)イ
(4)イ
(5)ア

考え方
1 ピアノの音が花びらになってこぼれ落ち、部屋いっぱいにあふれ、庭にまであふれ出る様子を想像しましょう。
2 (2)3〜4行目の「たまご　ころころ／けいと　もしゃもしゃ」は、「たまご」のおもちゃを転がしたり、「けいと」玉で遊んだりしている様子です。
(4)(5)「よばれて　つん」と「ミルクで　にゃん」は、愛想(あいそ)がなかったり、甘(あま)えてきたりという、気まぐれな子ねこの様子を表しています。

33. きほんのドリル　65〜66ページ

1 ①あまど　②むぎちゃ　③とち
④いちば　⑤な　⑥がいこく
⑦つうこう　⑧くに　⑨か

2 ①ア ②ウ ③イ ④エ ⑤ウ ⑥ア

3 ①エ・オ ②カ・ク ③イ・キ
④ア・ウ（それぞれ順序なし）

4 ①れい　レストランでハンバーグをちゅうもんする。
②れい　おやつにアイスクリームとケーキを食べる。

5 (1)にわとり・わに・ぞう・はと・らいおん・がん
(2)た………ま、がんが、ま………た。

考え方

4　①の「はんばあぐ」は「ハンバーグ」、②の「あいすくりいむ」は「アイスクリーム」、「けえき」は「ケーキ」と、音をのばす文字「ー」を使います。

5　それぞれの行が、上から読んでも下から読んでも同じ文になっている楽しい文です。(2)は、意味が通るように点（、）をつけ、最後には丸（。）をつけましょう。

おうちの方へ

4　ひらがなでのばす音は「とおる」「おねえさん」のように「あ・い・う・え・お」で書きますが、かたかなの場合は「コンサート」のように「ー」（音引）を使うことに注意しましょう。

5　上から読んでも下から読んでも同じ文のことを「回文」と言います。「たけやぶやけた」などが有名です。

34 まとめのドリル　67～68ページ

1 ①通行 ②市場 ③麦茶 ④雨戸

2 ①メエメエ［メーメー］・ピヨピヨ
②ポチャン・ガタゴト
③サラダ・ジュース
④ナイチンゲール・イギリス

（それぞれ順序なし）

3 ①ウ ②エ ③ア ④イ

4 ①チョコレート ②コーヒー

5 (1)う
(2)ウ

考え方

2　かたかなを書くときは、のばす音（ー）や、はねる音（小さい「ャ」「ッ」）などに、特に気をつけましょう。

35 きほんのドリル　69～70ページ

1 ①こた ②ある ③こうじょう

2 ①イ ②ウ ③ア

3

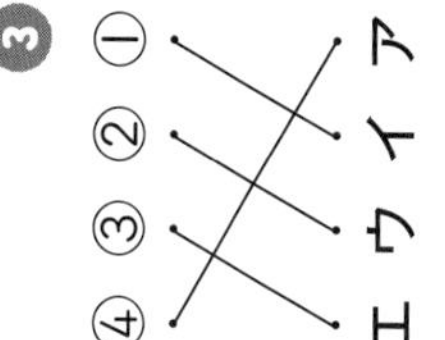

4 (1)人のかわりにそうじをするロボット
ペットのかわりになるロボット
（順序なし）
(2)わたしたちのみの回り
(3)れい　とどける人が足りないとき。
(4)れい　あしたは雨がふるかもしれません。

考え方

4　(3)最後の一文に注目しましょう。「このロボットがあれば」の後に説明されています。
(4)「かもしれない」は、確実ではないが、ありうる、という意味を表します。

36 まとめのドリル　71～72ページ

1 (1)①水ぞくかん
②ア・ウ
(2)どう行けばいいか分からない
(3)れい　知りたいことがあるときに、すぐにしつもんすることができる。

2 (1)あぶないばしょ
(2)たてものがこわれていないか。
川の水がどれぐらいふえているか。
（順序なし）
(3)けが
(4)れい 近づけないような、あぶないばしょのようすを知ることができる。

考え方
2 (1)「このロボット」とは、前の文の「あぶないばしょのようすを見に行ってくれるロボット」を指しています。
(3)後に「けがをしてしまうかもしれません。」と書かれています。

37 きほんのドリル 73～74ページ

1 ①てんさい ②ゆみや ③もん
④がったい ⑤けいさん ⑥しつ
2 ①名 ②音 ③林
3 (1)①ア ②イ
(2)①イ ②ア
(3)①イ ②ア
4 ア・イ・エ
5 (1)エ・オ
(2)バラの花みたい(な)
すごくきれい(な) （順序なし）
(3)たからもの(にするよ。)

考え方
5 (1)「はっぱのお金で」「まつぼっくりを買った」ということが書かれています。
(2)「バラの花みたいな」「すごくきれいな」まつぼっくりとあります。「バラの花みたい」「すごくきれい」でも正解です。

おうちの方へ
3 様子を表す言葉には、擬態語を含む副詞、形容詞、形容動詞などがあります。似ている言葉でも、決まった使い方があるので、注意しましょう。

38 まとめのドリル 75～76ページ

1 ウ
2 ①絵 ②明 ③百
3 男・おとこ 岩・いわ
間・あいだ[かん／けん]
4 ①—ウ ②—エ ③—ア ④—イ
5 (1)(いつも)やさしいところ。
(2)イ
(3)これからも、やさしいたいきさんでいてくださいね。

考え方
3 「間」の読みがなは、「あいだ」「かん」「けん」のどれでもよいです。
4 ①「花火」、②「先生」、③「谷川」、④「毛糸」という言葉になります。

39 きほんのドリル 77～78ページ

1 ①きた ②うま ③うし ④はし
⑤しょうねん ⑥よわ ⑦う ⑧つよ
2 ①ア ②イ
3 ア・エ・オ
4 (1)イ
(2)れい （くらくなってくるのに、）スーホが帰ってこないから。
(3)(近くにすむ)ひつじかいたち。
(4)(生まれたばかりの、)小さな白い馬。
(5)ウ

考え方
2 ②漢字で書くと「夢中」で、「無我夢中」

4 の形で使うこともよくあります。
(1)日がしずみ、「ぐんぐん　くらくなってくる」ことから考えましょう。
(5)直前に「にこにこしながら」とあるのが、大きな手がかりです。

40 まとめのドリル　79～80ページ

1
(1)カタカタ、カタカタ
(2)［れい］白馬が帰ってきたから。
(3)スーホははねおきて、かけていきました。
(4)イ

2
(1)ほね・かわ・すじ・毛（順序なし）
(2)白馬をころされたくやしさ
白馬にのって草原をかけ回った楽しさ
（順序なし）
(3)ウ

考え方
1 きずだらけの白馬（しろうま）が、スーホのもとにもどってくる場面です。
(1)「～と、もの音がつづいています。」に着目しましょう。
(2)おばあさんの「白馬だよ。うちの白馬だよ。」という言葉から分かります。
(3)単に「おきて」ではなく、「はねおきて」と書いていることに注意しましょう。
2 (3)スーホが白馬の存在を感じながら、馬頭琴（ばとうきん）を弾（ひ）いている点に、注意しましょう。

41 学年まつのホームテスト　81～82ページ

☆1
①た　②てんさい　③えんそく　④な
⑤ごご　⑥きょうだい　⑦ひ　⑧とお
⑨こむぎ　⑩く　⑪とう　⑫ふね

☆2
①走　②強　③計算　④北　⑤弓矢
⑥科学　⑦直　⑧草原　⑨音　⑩少年
⑪売　⑫茶色　⑬弱　⑭四角

☆3
①アおや　イしん　②アまえ　イぜん
③アこく　イくろ　④アよ　イよる
⑤アすう　イかぞ　⑥アうま　イば

☆4
①［れい］冬の朝、さむさにぶるぶるふるえる。
②［れい］わたがしみたいなくもがうかんでいる。

☆5
細・星・国・答（順序なし）

考え方
☆2 ①「走る」、②「強い」、⑦「直す」、⑬「弱い」などは、送りがなにも注意しましょう。
☆3 音読みと訓読みの復習です。同じ漢字でも、読み方がちがうものは、一つずつ確実に覚えていきましょう。
☆4 ①「ぶるぶる」は、「細かくふるえる様子」を表す言葉です。「携帯（けいたい）電話がぶるぶるとふるえる。」や、「怒（いか）りに体をぶるぶるとふるわせる。」などのようにも使います。
②わたがしの様子をとらえましょう。ここでは、わたがしのふわふわした形を利用して、表現しています。
☆5 上下に合わせるものと、左右に合わせるもの、外と中に合わせるものが交じっているので、注意しましょう。

おうちの方へ
二年生の国語の学習はいかがでしたか。漢字も、言葉の使い方も、多くのことを学びました。春休みのうちにしっかり復習して、三年生につなげましょう。